Oldenbourg Interpretation
Band 39

Oldenbourg Interpretationen
Herausgegeben von
Klaus-Michael Bogdal und Clemens Kammler

begründet von
Rupert Hirschenauer (†) und Albrecht Weber

Band 39

Hermann Hesse

Demian/
Unterm Rad

Interpretation von
Helga Esselborn-Krumbiegel

Oldenbourg

Zitiert nach folgenden Ausgaben:
Hermann Hesse: Demian. Die Geschichte von Emil Sinclairs Jugend.
suhrkamp taschenbuch 206, Frankfurt/M. 1987.
Hermann Hesse: Unterm Rad. suhrkamp taschenbuch 52, Frankfurt/M. 1993.

Zitate sind halbfett gekennzeichnet.

CIP-Titelaufnahme der Deutschen Bibliothek

Esselborn-Krumbiegel, Helga:
Hermann Hesse, Demian – Die Geschichte von Emil Sinclairs
Jugend / Unterm Rad: Interpretation / von Helga
Esselborn-Krumbiegel. – 2., überarb. und korrigierte Aufl. in der neuen
Rechtschreibung. – München: Oldenbourg, 1998
    (Oldenbourg Interpretationen; Bd. 39)
    ISBN 3-486-88638-X
NE: GT

© 1989 Oldenbourg Schulbuchverlag GmbH, München
    www. oldenbourg-bsv.de

2., überarbeitete und korrigierte Auflage 1998
Unveränderter Nachdruck 07 06 05 04 03
Die letzte Zahl bezeichnet das Jahr des Drucks.

Lektorat: Ruth Bornefeld, Simone Riedel, München
Herstellung: Karina Hack, München
Typografisches Gesamtkonzept: Gorbach GmbH, Buchendorf
Umschlagkonzeption: Mendell & Oberer, München
Satz: jürgen ullrich typosatz, Nördlingen
Druck und Bindung: Appl Druck, Wemding

ISBN: 3-486-**88638**-X

Inhalt

1 »Demian. Die Geschichte von Emil Sinclairs Jugend«

1.1 Die Entstehung

HERMANN HESSES Roman *DEMIAN. DIE GESCHICHTE VON EMIL SINCLAIRS JUGEND* entstand mitten im Ersten Weltkrieg und ist geprägt von den inneren und äußeren Nöten des Autors in dieser Zeit. HESSE, der bei Ausbruch des Krieges bereits seit zwei Jahren in der Schweiz lebte, meldet sich als Freiwilliger beim deutschen Konsulat in Bern und übernimmt wenig später im Dienst der *Deutschen Kriegsgefangenenfürsorge Bern* den Aufbau einer *Bücherei für deutsche Kriegsgefangene.* Zugleich engagiert er sich in zahlreichen politischen Aufsätzen immer wieder gegen Chauvinismus und Barbarei und appelliert an die völkerverbindende Friedensaufgabe der **Geistigen,** der Künstler, Wissenschaftler, Lehrer und Forscher.

Trotz dieses Engagements gehört HESSE jedoch nicht zu den aktiven Kriegsgegnern, weil er sich nicht politisch betätigen, sich keiner politischen Gruppierung anschließen will. Als Intellektueller empfindet er sich wie andere Künstler auch **als Fühler und vorgeschobenen Posten der Menschheit, welche zuerst das werdende Neue wittern. Sie sprechen es aus, auch wenn noch niemand dran glauben mag, auch wenn sie selber es noch nicht zu verwirklichen wissen.**[1] Und er fährt fort:

> jede Änderung in der Welt, jede große neue Idee der Menschheit wird auf *meinem* Wege kommen, auf dem Wege des Wagens, Hoffens und Ahnens, und nie wird irgend eine kommen auf dem Wege des klugen Wissens, der Opportunität, der praktischen Politik […][2]

Seine Friedensmahnungen werden jedoch von der deutschen Öffentlichkeit mit einer Welle des Hasses beantwortet. Freunde und Schriftstellerkollegen sagen sich von ihm los; in anonymen Schmähbriefen und zahlreichen Zeitungsartikeln wird ihm sein mangelnder Patriotismus zum Vorwurf gemacht. Besonders sein 1914 erschienener Aufsatz *O FREUNDE, NICHT DIESE TÖNE!* und sein Feuilletonbeitrag *WIEDER IN DEUTSCHLAND* (1915), die beide in der *Neuen Zürcher Zeitung* veröffentlicht werden, setzen ihn den schimpflichsten Bezichtigungen aus: **Wie ein Ritter von der traurigen Gestalt zieht der Drückeberger Hermann Hesse daher, als vaterlandsloser Gesell, der längst innerlich den Staub der heimischen Erde von seinen Schuhen geschüttelt hat.**[3] HESSE ist empört und erschüttert über diese Reaktionen. **Dies an sich so unwichtige Erlebnis,** schreibt er später einmal rückblickend, **brachte mir als Frucht die zweite große Wandlung meines Lebens** (die erste war seine Berufung zum Dichter).[4]

Das Chaos der Kriegswirren und die unheilvolle familiäre Situation verdichten sich für ihn zur tiefen persönlichen Krise. Dem Tod des Vaters im Jahre 1916 folgt die gefährliche Erkrankung seines jüngsten Sohnes Martin und das zunehmende Gemütsleiden seiner Frau Maria. Aus der schweren Nervenkrise, die ihn zu Beginn des Jahres 1916 befällt, führen ihn die therapeutischen Gespräche mit dem Arzt Dr. Josef Bernhard Lang, einem Schüler C. G. Jungs, und eigene intensive Lektüre der Schriften Freuds und Jungs. Die Auseinandersetzung mit den Konflikten der Kindheit und der gegenwärtigen psychischen Krise zwingt ihn zum Blick in das eigene innere Chaos:

> Diesmal aber blieb mir die Einkehr nicht erspart. Es dauerte nicht lange, so sah ich mich genötigt, die Schuld an meinen Leiden nicht außer mir, sondern in mir selbst zu suchen. Denn das sah ich wohl ein: der ganzen Welt Wahnsinn und Roheit vorzuwerfen, dazu hatte kein Mensch und kein Gott ein Recht, ich am wenigsten. Es mußte also in mir selbst allerlei Unordnung sein, wenn ich so mit dem ganzen Weltlauf in Konflikt kam. Und siehe, es war in der Tat eine große Unordnung da. Es war kein Vergnügen, diese Unordnung in mir selber anzupacken und ihre Ordnung zu versuchen.[5]

Dieser *Weg nach Innen* erst ermöglicht dem Dichter Wandlung und Neubeginn:

> Wer den Weg der Analyse, das Suchen seelischer Urgründe aus Erinnerungen, Träumen und Assoziationen, ernsthaft eine Strecke weit gegangen ist, dem bleibt als bleibender Gewinn das, was man etwa das ›innigere Verhältnis zum eigenen Unbewußten‹ nennen kann. Er erlebt ein wärmeres, fruchtbareres, leidenschaftlicheres Hin und Her zwischen Bewußtem und Unbewußtem; er nimmt von dem, was sonst *unterschwellig* bleibt und sich nur in unbeachteten Träumen abspielt, vieles mit ans Licht herüber.[6]

In dieser Zeit des inneren Umbruchs entsteht der Roman DEMIAN, **in wenigen brennenden Monaten [...] niedergeschrieben**, wie HESSES Freund und erster Biograf Hugo Ball berichtet.[7]

Zunächst erscheint DEMIAN. DIE GESCHICHTE EINER JUGEND unter dem Pseudonym Emil Sinclair. HESSE tritt lediglich als Vermittler zwischen dem unbekannten, angeblich schwer kranken Schweizer Autor Sinclair und dem Verleger S. Fischer auf. Der Roman wird zunächst 1919 in der *Neuen Rundschau* vorab gedruckt und erscheint schließlich im selben Jahr im S. Fischer Verlag. Im folgenden Jahr erkennt Otto Flake HERMANN HESSE als Autor des DEMIAN und Eduard Korrodi fordert ihn öffentlich auf sich zu seiner Autorschaft zu bekennen. HESSE gibt den dem Anfänger Sinclair zugedachten Fontane-Preis zurück und lässt die folgenden Auflagen des DEMIAN unter seinem Namen erscheinen.

Schon einmal hatte HESSE das Pseudonym Emil Sinclair für seine politischen Aufsätze gewählt um trotz seiner engagierten publizistischen Tätigkeit sein Wirken in der Gefangenenfürsorge unbehindert fortsetzen zu können. Für seinen DEMIAN wählt er erneut dieses Pseudonym – es erinnert an Hölderlins politisch aktiven Freund Isaac von Sinclair – **um nicht die Jugend durch den bekannten Namen eines alten Onkels abzuschrecken.**[8] In HESSES Bemerkungen zur Wahl dieses Pseudonyms mag man eine Interpretation des DEMIAN-Romans erblicken.

> Und unter dem Zeichen ›Sinclair‹ steht für mich heute noch jene brennende Epoche, das Hinsterben einer schönen und unwiederbringlichen Welt, das erst schmerzliche, dann innig bejahte Erwachen zu einem neuen Verstehen von Welt und Wirklichkeit, das Aufblitzen einer Einsicht in die Einheit im Zeichen der Polarität, des Zusammenfallens der Gegensätze, wie es vor tausend Jahren die Meister des ZEN in China auf magische Formeln zu bringen versucht haben.[9]

Zugleich ist damit auch ein künstlerischer Neubeginn gesetzt:

> Die Rolle des beliebten Unterhaltungsliteraten, in die ich geraten bin, Gott weiß wie, ist gewiß die letzte, die zu mir paßt. Mein Versuch, mit dem DEMIAN mich dieser blöden Rolle zu entziehen und unbekannt zu bleiben, ist mißglückt.[10]

Wie in einem symbolischen Akt streift HESSE seine alte Rolle ab und setzt einen neuen Anfang:

> Der diese Dichtung schrieb, war nicht ich, war nicht Hesse, der Autor so und so vieler Bücher, sondern ein anderer Mensch, der Neues erlebt hatte und Neuem entgegenging […] Einmal waren Sie der, wie mir scheint, eigentlich nächstliegenden Deutung, die auch der Wahrheit entspricht, ganz nahe. Sie sagen, es sei Ihnen denkbar, daß Einer sich einen neuen Namen gäbe, wenn *er an einem bestimmten Punkt seines Lebens sich als Neuen, als Beginnenden empfände.* Genau dies war mein Fall, und was habe ich denn anderes getan als mir in einem solchen Augenblick einen solchen neuen Namen gegeben?[11]

Dichtung bedeutet ihm fortan Ausdruck des je eigenen Selbst in seinen Wandlungen:

> Am liebsten gäbe ich jedes neue Werk unter einem neuen Pseudonym heraus. Ich bin ja nicht Hesse, sondern war Sinclair, war Klingsor, war Klein etc. und werde noch manches sein.[12]

Zugleich sucht der Dichter nach neuen Ausdrucksweisen für seine Erfahrungen im Umgang mit dem eigenen Selbst:

> Ich habe das Gefühl in mir erneuert, daß meine Seele im Kleinen ein Stück Menschheitsentwicklung darstellt, und daß im Grunde jede kleinste Zuckung in uns so wichtig ist wie Krieg und Frieden in der äußeren Welt […] Ich habe im Sinn, nochmals ganz von Neuem den Kampf mit der Form aufzunehmen, um für die neuen Inhalte, die ich zu sagen habe, den Ausdruck zu finden.[13]

1.2 Die Rezeption

Als HESSES Roman *DEMIAN* erschien, war der Autor bereits ein bekannter und geschätzter Schriftsteller. Seine frühe Erzählung *PETER CAMENZIND* (1904) hatte die gegen die Erstarrung des Wilhelminischen Deutschland aufbegehrende Jugend begeistert; in *UNTERM RAD* fanden die Unlustgefühle einer ganzen Generation ihren Ausdruck.[14] Für die aus dem Ersten Weltkrieg zurückgekehrten, enttäuschten und desorientierten jungen Menschen bedeutete der *DEMIAN* Orientierungshilfe und Sinngebung:

> Unvergeßlich ist die elektrisierende Wirkung, welche gleich nach dem ersten Weltkrieg der *DEMIAN* eines gewissen mysteriösen Sinclair hervorrief, eine Dichtung, die mit unheimlicher Genauigkeit den Nerv der Zeit traf und eine ganze Jugend, die wähnte, aus ihrer Mitte sei ihr ein Künder ihres tiefsten Lebens erstanden (während es ein schon Zweiundvierzigjähriger war, der ihr gab, was sie brauchte), zu dankbarem Entzücken hinriß.[15]

Einfühlungsvermögen und Aufrichtigkeit sind es vor allem, die Leser und Kritiker an diesem Roman schätzen. Die **Entsiegelung tiefen Geheimnisses**, ein **Vermächtnis großen, bedeutenden Erlebens** nennt ein zeitgenössischer Kritiker die Erzählung und er fährt fort […] **die Wirkung auf mich war jedenfalls die einer Beichte**.[16] Die intime Kenntnis seelischer Vorgänge faszinierte die Leser damals wie heute ebenso wie die Botschaft von der Einheit des Selbst und der eindringliche Appell zur Selbstbefreiung und Selbstverwirklichung. Einen **Sang von den Wurzeln des Menschenwesens** nennt Hugo Ball dieses Werk, dem Stefan Zweig **lebendige Einbildungskraft** und **einen bewundernswerten Einblick in die Jugendpsychologie** nachrühmt.[17] Vergegenwärtigt man sich die geistigen und psychischen Nöte der damaligen Jugend, wird man ihre enthusiastische Aufnahme des *DEMIAN* nachempfinden können:

> Diese deutsche Jugend des Weltkriegs und der Revolution war auch das Jahrzehnt vor 1914 schon in einer dunkelgärenden Bewegung gewesen, wie wenn sie die kommende Katastrophe ahnend in ihrer Seele spürte. In leidenschaftlicher Abkehr löste sie sich von der älteren Generation, von den Autoritäten und Mächten, die diese Katastrophe heraufgeführt hatten, und ging aus, ihr Leben aus eigenem Gesetz und eigener Verantwortung zu bauen, den Weg zu sich selbst zu suchen.
> Aber sich selber finden, ist das Werk eines ganzen Lebens und Reifens, und die letzten Probleme und Fragen lassen sich nicht rein erkenntnismäßig lösen, sondern nur erlebend und erleidend […]
> War es ein Wunder, daß die schwere Erschütterung des Kriegserlebnisses in diesen schon schwankend gelösten Seelen die letzten wurzelhaften Bedingungen zerstörte und zunächst ein völliges Chaos schuf? Hier war ja nicht nur das eigene Sein äußerlich wie innerlich bis zum Grunde erschüttert

und fraglich geworden, sondern der gesamte Bestand der Gesellschaft, die tragende Kultur selbst […] Und letzten Endes sah auch diese Jugend nur klar, was sie nicht wollte: die tiefe innere Verlogenheit, dieser alten untergangsreifen Gesellschaftskultur, diese Verlogenheit die Ja sagt und Nein tut, die nicht den Mut zu sich selber hat.

Dieses Ja und Nein, das ein überkommener Sprach- und Denkgebrauch Gut und Böse nennt, trug die Jugend freilich selbst in sich und spürte schmerzhaft seinen Widerstreit. Aber sie wollte zum wenigsten ihren Zwiespalt nicht feige vertuschen, sich frei zu ihm bekennen. Und sie träumte davon, das Ja und Nein in sich zu einer letzten verwegenen und heiligen Einheit zu erlösen, aus der erst das ganze feste und rund in sich ruhende Ich geboren werden sollte, nach dem sie sich hinaufsehnte.

Sie träumte von dieser Einheit, dieser Selbstrechtfertigung des vollen Menschentums, aber sie fand nicht das Wort dafür. Sie zerstieß sich den Kopf an Problemen, sie zerdachte und zerredete das Leben, ehe sie anfing, es zu leben. Und so geriet auch sie, diese Jugend der unbedingten Forderung, in eine tatlose Unfruchtbarkeit herein, geriet auf den toten Punkt, wo man mit gebundenen Händen das große Leben an sich vorbeibrausen sieht und nicht den Augenblick findet, mit dem Sprung des sicheren Schwimmers sich hineinzuwerfen und von ihm tragen zu lassen.

In dieser inneren Not kam dem einen oder anderen der DEMIAN in die Hände. Er las, und es war ihm, als werde ihm eine Binde vom Auge genommen. Las und fand – sich selber.[18]

Gegenüber der anhaltenden Hochschätzung seines geistigen Gehalts tritt die Frage nach der literarischen Form des Romans zurück. Thomas Mann macht zwar auf den künstlerischen Widerspruch der Erzählung aufmerksam: Sie gibt sich durchaus als Leben […] doch ist Leben vielleicht gerade ihre schwache Seite, so sehr ist sie Komposition und geistige Dichtung[19] – jedoch knüpft sich an diese Beobachtung keine weitere Diskussion der literarischen Eigenart des Romans an. Bestimmend für die Rezeption des DEMIAN bleibt auch späterhin sein neues Menschenbild und die intensive Identifikationsmöglichkeit des Lesers mit dem Helden Emil Sinclair.

So verwundert es nicht, dass der Roman auch nach dem Zweiten Weltkrieg inmitten äußerer und innerer Zerstörung zum Wegweiser für die nach neuen Orientierungshilfen verlangenden Heranwachsenden wird. HESSES Bücher, die während des Krieges als unerwünschte Literatur gegolten hatten, wurden nun wieder einer größeren Leserschaft zugänglich. Die Verleihung des Nobelpreises im Jahre 1946 trug ebenso zur Verbreitung seiner Bücher bei wie die Auszeichnung mit dem Frankfurter Goethe-Preis im selben Jahr und mit dem Friedenspreis des deutschen Buchhandels 1955. HESSES Ruhm hat damit seinen vorläufigen Höhepunkt erreicht, bleibt jedoch trotz zahlreicher Übersetzungen, vor allem des DEMIAN und des STEPPENWOLF, auf den deutschen Sprachraum begrenzt.

In den Jahren des starken wirtschaftlichen Aufschwungs in Deutschland büßten HESSES Romane dagegen ihre Wirkung als Deutungshilfen und Identifikationsangebote mehr und mehr ein. Vor allem die jüngere Generation, die Aktualität und ›Gegenwartsbewältigung‹ von der Literatur erwartete, wandte sich von dem **Autor des individuellen Katzenjammers** ab.[20] Ein Rückgang der Verkaufsziffern und ein überwiegend negatives Stimmungsbild in der Presse kennzeichnen die HESSE-Rezeption der Sechzigerjahre in Deutschland. Als der Autor 1962 starb, schien die HESSE-Welle endgültig verebbt.

Die überraschende und unerwartete HESSE-Begeisterung, die in den USA in den Sechzigerjahren aufflammte und dem Autor eine bis dahin unübertroffene Popularität verlieh, verdankt sich nicht zuletzt dem *DEMIAN*, von dem allein bis 1976 in den USA ca. 1,5 Millionen Exemplare verkauft wurden. *DEMIAN, SIDDHARTHA, DER STEPPENWOLF* und *NARZISS UND GOLDMUND* stehen an der Spitze der bis 1976 in den USA verkauften elf Millionen, in Japan sogar zwölf Millionen HESSE-Titel.

Der ›Rückimport‹ HESSES nach Deutschland löste hierzulande in den Siebzigerjahren eine neue HESSE-Welle aus. War es in den USA die aus den unterschiedlichsten gesellschaftlichen Gruppen hervorgehende Protestbewegung der Jugend, die sich durch HESSES Parteinahme für den Einzelnen, seine Verweigerung der politischen und industriellen Nivellierung, seinen Kampf gegen die Monotonisierung zugunsten der Vielfalt der Welt bestärkt fand, so gewannen seine Bücher auch in der Bundesrepublik Deutschland zur Zeit der Studentenrevolte und der nachfolgenden antiautoritären Bewegungen der Siebzigerjahre neue Aktualität:

> Hinter der Fassade von Hysterie und Neurose, deren Schubkraft keineswegs zu leugnen ist, muß Hesse mit nunmehr über 11 Millionen verkaufter Bücher in den USA aber doch wohl auch in das Erwartungszentrum einer Generation getroffen haben, deren Probleme, Beklemmungen und Wünsche allein schon durch das Diktat der modernen Technokratie und ihrer nivellierenden Macht auf eine weltweite Gültigkeit Anspruch erheben können.[21]

Diese bislang letzte große HESSE-Welle lässt die Grundzüge der HESSE-Rezeption sichtbar werden: in Zeiten gesellschaftlichen Umbruchs – sei es zur Zeit der Jugendbewegung, nach den Erschütterungen des Ersten und Zweiten Weltkriegs, in den USA während des Vietnamkriegs oder in der Bundesrepublik Deutschland in den gesellschaftlichen Krisen der Siebzigerjahre – üben HESSES Werke besonders auf die Jugend einen nachhaltigen Einfluss aus. Recht unterschiedliche Weltanschauungen finden in HESSES Büchern Nahrung, recht unterschiedliche Bedürfnisse werden erfüllt. Eine vage Religiosität wird ebenso genährt wie die Neigung zu philosophischen

Grübeleien; Kulturpessimismus und Elitebewusstsein verbinden sich mit pazifistischem Engagement und der Hoffnung auf ›alternative‹ Lebensmöglichkeiten. So entschieden diese Bücher einerseits den aufbegehrenden Einzelnen zu ermutigen, seine Kritikfähigkeit zu stärken vermögen, führen sie den sich identifizierenden Leser jedoch nirgends in das Wagnis einer lebensverändernden Praxis. Bürgerliche und unbürgerliche Lebensweise werden zwar stets spannungsreich kontrastiert, der Außenseiter in seinem Recht bestätigt, jedoch sichern sich HESSES Romane und Erzählungen in ihrem exemplarischen Anspruch stets repräsentative Gültigkeit im Rahmen und innerhalb der Grenzen der bestehenden Gesellschaft.

So erhebt der Roman DEMIAN ausdrücklich den Anspruch die Geschichte einer Menschwerdung zu erzählen; Erzählweise und Sprachgestus bestätigen seine paradigmatische Qualität. Der Held Emil Sinclair, der nur sich selber sucht, sein eigenes Schicksal, seine eigene innerste Wahrheit, ist zugleich Vorbild und Paradigma, seine Geschichte der exemplarische Prozess einer Individuation. Diesen Zusammenhang von Außenseitertum und Repräsentanz hat Eberhard Lämmert in seinem Aufsatz HERMANN HESSE – EINZELGÄNGER FÜR MILLIONEN, der bereits im Titel HESSES Wirkung akzentuiert, aufgewiesen:

> Nicht-gehorchen, Protest, rebellisches Situationsverhalten – erstaunlicherweise hat man bisher so gut wie nicht den Umstand bemerkt, daß bei Hesse, und jedenfalls auch bei den Jugendlichen um 1900 wie nach 1945, eine alte Norm unangetastet, ja mit äußerster Sorgfalt gehütet blieb, jene Norm nämlich, die zugleich die Idealnorm bürgerlichen Lebensverhaltens ist: ›Sei ein unverwechselbares Individuum!‹[22]

Dass die Idee des autonomen Individuums im 20. Jahrhundert jedoch kein progressives Ideal mehr zu entwickeln vermag, sondern allenfalls eine unzeitgemäße Handlungsmaxime bietet, betont Lämmert auch und gerade im Hinblick auf die HESSE-Rezeption der Sechziger- und Siebzigerjahre:

> Das Konzept des unabhängig handelnden Privatmanns war für die deutschen Verhältnisse des 18. Jahrhunderts als Vorausentwurf eine Idee von politischer Kühnheit, geeignet, selbst den aufgeklärten Absolutismus zu untergraben. Im 20. Jahrhundert dagegen kann ein gemeinsames Bekenntnis zum Idol des nur sich selbst verantwortlichen Privatmannes allenfalls noch zu einer Abwehrhaltung verbinden, jedoch kein erst zu erreichendes Ideal mehr vorausentwerfen [...] Hier liegt auch, wie ich meine, Hesses entschiedene Grenze, was das Nachfolge-Angebot an seine Lesergemeinde angeht. Nie hat er, der notorische Antibürger, je den entscheidenden Limes einer im Wortsinne rücksichtslosen Privatexistenz handelnd überschritten, und das tun auch seine Figuren nicht [...][23]

Seßhafte mit Luftsprüngen nennt er HESSES Helden in ihrer Spannung zwischen Rebellion und bürgerlichem Lebensplan.[24] Die weltanschauliche Un-

bestimmtheit seiner Werke bei gleichzeitigem intensivem Identifikations-
appell trägt zweifellos entscheidend zur **weltweiten Wirkung** HERMANN
HESSES bei.[25] Auch die aktuelle HESSE-Rezeption in der Bundesrepublik
Deutschland scheint einmal mehr die Tendenz zu dokumentieren, entsprechend den jeweiligen weltanschaulichen Bedürfnissen der Leser HESSES
Werk recht beliebig zu verwerten. So setzten die *HESSE-LESEBÜCHER,* die seit
1985 im Suhrkamp-Verlag erscheinen, auf die Publikumswirksamkeit des
›Guru‹ HESSE, der aus Lebenserfahrung und Menschenkenntnis Antwort
gibt **auf Fragen, die den Menschen von heute bedrängen.**[26] Das Titelbild
dieser Lesebücher, ein Porträt HESSES von Andy Warhol, zeigt den Dichter
als Feuerschlucker, die Flamme springt lodernd aus seinem Mund hervor.
Wird HERMANN HESSE auch künftig seine Leser entzünden?

1.3   Die Rolle des Vorspanns

Der den Roman eröffnende Vorspann weist die *GESCHICHTE VON EMIL
SINCLAIRS JUGEND* als Autobiografie eines Suchenden aus. Der Suche nach
sich selber gelten, wie auch das Sinclairs eigenen Überlegungen entnom-
mene Motto ausspricht, die rückblickenden Aufzeichnungen des Ich-Er-
zählers, der trotz schwer wiegender Zweifel an der Erzählbarkeit seiner Geschichte ihre Wichtigkeit betont und ihre paradigmatische Bedeutung
unterstreicht. Mit seiner Kritik an der souveränen Verfügungsgewalt des
allwissenden Erzählers reiht sich der Roman ein in die moderne Literatur
des frühen 20. Jahrhunderts, die von Ausdrucksverlust und Zweifeln an der
Erzählbarkeit der Welt geprägt ist.
Ein eindrucksvolles Beispiel ist R. M. RILKES lyrischer Roman *DIE AUF-
ZEICHNUNGEN DES MALTE LAURIDS BRIGGE* (1910). Das sich auflösende
Subjekt versucht trotz Erfahrungsverlust und Sprachverfall seine Desinte-
gration zu artikulieren:

> Noch eine Weile kann ich das alles aufschreiben und sagen. Aber es wird ein
> Tag kommen, da meine Hand weit von mir sein wird, und wenn ich sie
> schreiben heißen werde, wird sie Worte schreiben, die ich nicht meine […]
> Aber diesmal werde ich geschrieben werden.[27]

Einen Weg, der aus dieser Krise des Erzählens herausführt, beschreitet der
Erzähler des *DEMIAN* in seiner bewussten Wahl der Ich-Form, seinem
Rückgriff auf die Tradition des deutschen Bildungs- und Entwicklungsromans und seinem wiederholt vorgetragenen Authentizitätsanspruch. Neben der Subjektivierung des Erzählten betont er jedoch zugleich die Gültigkeit seiner **Geschichte** jenseits der dichterischen Fiktion:

> Die Dichter, wenn sie Romane schreiben, pflegen so zu tun, als seien sie
> Gott und könnten irgendeine Menschengeschichte ganz und gar
> überblicken und begreifen und sie so darstellen, wie wenn Gott sie sich sel-

ber erzählte, ohne alle Schleier, überall wesentlich. Das kann ich nicht, so wenig wie die Dichter es können. Meine Geschichte aber ist mir wichtiger als irgendeinem Dichter die seinige; denn sie ist meine eigene, und sie ist die Geschichte eines Menschen – nicht eines erfundenen, eines möglichen, eines idealen oder sonstwie nicht vorhandenen, sondern eines wirklichen, einmaligen, lebenden Menschen (7).

Indem das betroffene Ich von seiner eigenen Entwicklung Zeugnis ablegt, kommt ihm, im Unterschied zum auktorialen Erzähler, sowohl eine intime Kenntnis der inneren und äußeren Vorgänge als auch die größtmögliche Glaubwürdigkeit zu.

Dadurch ist das erzählende Ich zugleich autorisiert aus der Distanz des Rückblicks das eigene Schicksal zu deuten. Indem sich das Ich so als Deutungszentrum setzt, bestimmt es allein die Perspektiven des Verständnisses. Auf diese Weise werden Darstellung und Deutung des Erzählten zugleich eingeschränkt und autorisiert. In dieser Konzentration auf das Ich zeigen sich Grenzen und Möglichkeiten dieser Formentscheidung, die keineswegs als beliebig angesehen werden darf; sie erscheint vielmehr als Konsequenz einer in HESSES Werken immer wieder begegnenden Auffassung vom Menschen als einem autonomen Individuum.

Die paradigmatische Qualität, die der Lebensgeschichte eines **wirklichen, einmaligen, lebenden Menschen** dennoch zukommt, rechtfertigt die Erzählung im Voraus:

Wären wir nicht noch mehr als einmalige Menschen, könnte man jeden von uns wirklich mit einer Flintenkugel ganz und gar aus der Welt schaffen, so hätte es keinen Sinn mehr, Geschichten zu erzählen. Jeder Mensch ist aber nicht nur er selber, er ist auch der einmalige, ganz besondere, in jedem Fall wichtige und merkwürdige Punkt, wo die Erscheinungen der Welt sich kreuzen, nur einmal so und nie wieder (7–8).

Diese beiden einander nur scheinbar widersprechenden Bestimmungen des Menschen: als einmalig besondere Existenz und zugleich als Schnittpunkt überindividueller Kräfte und Konstellationen geben dem aufmerksamen Leser bereits einen Schlüssel zum Verständnis der folgenden Seelenbiografie an die Hand. Im Prozess seiner Selbstfindung durchläuft das Individuum verschiedene Einflusssphären, reagiert auf unterschiedliche Impulse und strebt so tastend **seinem eigenen Ziele zu** (9). Menschwerdung erscheint als der Weg zu sich selber, der Weg ins eigene Innere. Nur die Stimme in ihm kann das Ich auf diesem Weg leiten: **Wir können einander verstehen; aber deuten kann jeder nur sich selbst** (9). Diese Vorherrschaft des Individuums lässt das im Folgenden erzählte Leben bereits im Voraus als geschlossenen Kosmos erscheinen: als Innenwelt eines Ich, das sich erlebend, berichtend und deutend im Erzählprozess als Subjekt konstituiert.

Bereits der Titel des Romans stellt dem Leser die Frage, die erst die Erzählung als ganze beantworten wird: Welche Bedeutung kommt Demian in Emil Sinclairs Lebensgeschichte zu? Warum ist der Roman nach ihm benannt, obwohl er Sinclairs Entwicklung darstellt? So fasst der Titel bereits vorausdeutend den Entwicklungsprozess in nuce in sich: Der junge Emil Sinclair gelangt auf dem Weg zu sich selber zur Einheit mit seinem Alter Ego, Demian, der ihm Ich-Imago und Seelenführer ist. Zugleich verkörpert Demian das Ideal der allseitig entfalteten Persönlichkeit, das dem Roman als Sinn stiftendes Prinzip unterlegt ist: **Demian ist in der Tat nicht eigentlich ein Mensch, sondern ein Prinzip, die Inkarnation einer Wahrheit oder, wenn Sie wollen, einer Lehre.**[28]

1.4 Emil Sinclairs Ich-Suche

1.4.1 Die Erfahrung der Polaritäten

Emil Sinclairs Weg der Selbstfindung führt durch die dichotomische Ich- und Welterfahrung zur Entgrenzung des in der frühen Kindheit als Einheit erlebten Ich. Diese Entgrenzung und gleichzeitige Transparenz der Persönlichkeitskonturen ermöglichen dem desintegrierten Individuum die allmähliche Synthese des ›neuen Ich‹.

Die Erfahrung einer dichotomischen Wirklichkeit drängt sich dem Zehnjährigen in der Wahrnehmung einer von Gegensätzen durchzogenen, ihm das bisher Vertraute entfremdenden Welt auf. **Zwei Welten** treten einander gegenüber, zwar unvereinbar, jedoch nicht ungeschieden. Neben der **hellen** umgrenzten Alltagswelt des Elternhauses mit ihrer Rechtschaffenheit, ihrer inneren und äußeren Ordnung und ihrer warmen Behaglichkeit erwächst die **dunkle** Welt lockender Abenteuer, unbekannter Gefahren und ungebändigter Gefühle: **Und das Seltsame war, wie die beiden Welten aneinander grenzten, wie nah sie beisammen waren!** (10–11).

In diese Zeit der ersten Begegnung mit der bislang gemiedenen und von Geheimnissen umgebenen Welt fällt Emil Sinclairs Erlebnis mit Franz Kromer. In ihm gewinnt die **andere Welt** bedrohlich Gestalt und zwingt Sinclair zur Auseinandersetzung. Während ihn Kromers Erpressungsversuch seiner Umwelt und sich selber entfremdet, ist er zugleich von Bewunderung erfüllt und von der Faszination der **Sünde** ergriffen. Sein Vergehen, so geringfügig es objektiv ist, wiegt schwer in seinem Bewusstsein und verleiht ihm vorübergehend ein Gefühl der Überlegenheit über die bislang unbestrittene moralische Autorität des Elternhauses:

> Es war ein erster Riß in die Heiligkeit des Vaters, es war ein erster Schnitt in die Pfeiler, auf denen mein Kinderleben geruht hatte, und die jeder Mensch, ehe er er selbst werden kann, zerstört haben muß (23–24).

Seine Umgebung erscheint ihm in dem Maße fremd, in dem er sich selber unbegreiflich wird:

> Es war noch viel Zeit, ich drückte mich auf Umwegen durch die Gassen einer veränderten Stadt, unter niegesehenen Wolken hin, an Häusern vorbei, die mich ansahen, und an Menschen, die Verdacht auf mich hatten (28).

Sein ›Rollenspiel‹, in dem er das unschuldige Kind spielt, zeigt deutlich das Maß seiner Veränderung an:

> Ich führte das Doppelleben des Kindes, das doch kein Kind mehr ist. Mein Bewußtsein lebte im Heimischen und Erlaubten, mein Bewußtsein leugnete die empordämmernde neue Welt. Daneben aber lebte ich in Träumen, Trieben, Wünschen von unterirdischer Art, über welches jenes bewußte Leben sich immer ängstlicher Brücken baute, denn die Kinderwelt in mir fiel zusammen (57).

Bisweilen gewinnt sogar die Schattenwelt Franz Kromers die Oberhand, Alpträume verdrängen das wirkliche Leben. Der **furchtbarste dieser Träume**, in dem Kromer Sinclair zum Vatermord anzustiften versucht, lässt erkennen, dass Sinclair selber noch ganz und gar in seiner dichotomischen Welterfahrung gefangen ist, sodass er die Auflehnung gegen die väterliche Autorität, die die notwendige Ablösung des Heranwachsenden von den Eltern ankündigt, als ihm durch einen fremden Willen aufgezwungenen Mord erlebt. Die Erfahrung einer aus unvereinbaren Gegensätzen gebildeten Welt, in der das Individuum, selber in der Spannung zwischen beiden Polen, zwischen der **hellen** und der **dunklen** Welt hin- und herirrt, bestimmt diese erste Phase in Emil Sinclairs Entwicklung. Sie entreißt ihn vorübergehend seiner Kinderwelt, verwehrt ihm jedoch den Schritt in die Selbstständigkeit des Heranwachsenden. Eigene tastende Schritte kann Sinclair erst gehen, als er zu ahnen beginnt, dass das Bedrohliche und Ungebändigte, Widerstand und Gegenbild, Teil seiner Selbst ist. Vorerst jedoch verschließt er sich dieser Einsicht und rettet sich aus **des Teufels Händen** in **das verlorene Paradies**, in die Harmonie der **hellen** Welt und die Abhängigkeit vom Elternhaus. Dass diese Flucht der Angst vor Veränderung entspringt, der Furcht vor der Entgrenzung des Ich, die allein Selbstfindung ermöglicht, wird erst dem rückblickenden Erzähler bewusst: **Ach, das weiß ich heute: nichts auf der Welt ist dem Menschen mehr zuwider, als den Weg zu gehen, der ihn zu sich selber führt!** (55)

Die Wahrnehmung der Polaritäten durchzieht Sinclairs gesamte Wirklichkeitserfahrung. Sowohl die äußere Welt, die immer schon durch das Subjekt gefiltert und gedeutet erscheint, als auch die Welt der Gefühle und Gedanken baut sich aus Gegensätzen auf. **Dunkle Gassen und helle Häuser** (9) sind Wirklichkeitspartikel, die in Sinclairs Wahrnehmung in ihrer Gegensätzlichkeit aufeinander stoßen; **Stuben voll Wohnlichkeit und war-**

mem Behagen, Stuben voll Geheimnis und tiefer Gespensterfurcht (9) sind vom mitgestaltenden Gefühl durchdrungene Räume. Oftmals gewinnt auch mit der Stimmung des empfindenden Ich die äußere Wirklichkeit je unterschiedliche Gestalt:

> Der Hut und Sonnenschirm, der gute alte Sandsteinboden, das große Bild überm Flurschrank, und drinnen aus dem Wohnzimmer her die Stimme meiner älteren Schwester, das alles war lieber, zarter und köstlicher als je, aber es war nicht Trost mehr und sicheres Gut, es war lauter Vorwurf (21).

Ebenso wie das Erleben der Umwelt ist auch die Begegnung mit anderen Menschen von gegensätzlichen Eindrücken geprägt. Faszination und Furcht bestimmen seinen Umgang mit Franz Kromer ebenso wie mit Max Demian, nur überwiegt in den Erlebnissen mit Kromer die Bedrohung, während die Beziehung zu Demian sich zur Freundschaft entwickelt. Der realen Begegnung mit Frau Eva gehen die Träume von der mütterlichen Geliebten voraus:

> Wonne und Grausen waren vermischt, die Umarmung war Gottesdienst und war ebenso Verbrechen [...] Oft erwachte ich aus diesem Traum mit tiefem Glücksgefühl, oft mit Todesangst und gequältem Gewissen wie aus furchtbarer Sünde (111).

Die ungelösten polaren Spannungen seines Innern verleihen so auch seinen Erfahrungen mit anderen Menschen jenen gegensätzlichen Charakter, der Sinclairs Weltsicht eigen ist.

Ein auffälliger Gegensatz in der Figurenkonzeption ist der androgyne Charakter der Gestalten. Besonders die beiden für Sinclairs Entwicklung wichtigsten Menschen, Demian und Frau Eva, tragen zugleich männliche und weibliche Züge, die allerdings erst in Sinclairs Bewusstsein dringen, als er selber bereits den Weg zur Überwindung der Gegensätze betritt. Das Porträt, das er erträumt und malt, **eine Art von Götterbild oder heiliger Maske** [...], **halb männlich, halb weiblich, ohne Alter, ebenso willensstark wie träumerisch, ebenso starr wie heimlich lebendig** (97), ähnelt Demian und zugleich Emil Sinclair selber. Die androgynen Züge weisen auf ihre Fähigkeit zur Aufhebung der Gegensätze in der Einheit des Ich hin. So erscheinen auch in Sinclairs Liebestraumbild **Mann und Weib gemischt** (112), das gemalte Bild, **das mannweibliche Traumbild meines Dämons** (143), wird zugleich als **ein Wunschbild und eine Steigerung meiner Selbst** (143) begriffen. Idealbild und Ich-Entwurf tragen dieselben Züge. Auch Abraxas, jene Gottheit, die **das Göttliche und das Teuflische** vereint (109), Inbegriff der Verschmelzung der extremsten Gegensätze, hebt den Gegensatz der Geschlechter in sich auf: **Wonne und Grauen, Mann und Weib gemischt, Heiligstes und Gräßliches ineinander verflochten** (111–112).

Androgyne Gestalten begegnen wiederholt in Hesses Romanen; meist sind es Frauen, die der männlichen Zentralfigur die eigenen ungelebten Möglichkeiten widerspiegeln. In ihnen verbindet sich das Bild der beschützenden Mutter mit der weiblichen erotischen Ausstrahlung der Geliebten, die kraft ihrer geistigen Überlegenheit, die als männliches Attribut gilt, dem Mann **Mutter, Geliebte, Göttin** in einem bedeutet (165). Im Leben des Helden jedoch findet das erträumte Ideal keine Erfüllung; die androgyne Frau, die als Ich-Imago dem Suchenden den Weg zu sich selber weist, kann nicht zum realen Liebespartner werden. Die sinnliche Liebe wird sublimiert:

> Die Geschlechtlichkeit, unter der ich litt und vor der ich immer und immer auf der Flucht war, sollte nun in diesem heiligen Feuer zu Geist und Andacht verklärt werden. Es durfte nichts Finsteres mehr, nichts Häßliches geben, keine durchstöhnten Nächte, kein Herzklopfen vor unzüchtigen Bildern, kein Lauschen an verbotenen Pforten, keine Lüsternheit. Statt alles dessen richtete ich meinen Altar ein, mit dem Bilde Beatricens, und indem ich mich ihr weihte, weihte ich mich dem Geist und den Göttern. Den Lebensanteil, den ich den finsteren Mächten entzog, brachte ich den lichten zum Opfer. Nicht Lust war mein Ziel, sondern Reinheit, nicht Glück, sondern Schönheit und Geistigkeit (94–95).

Gleichwie dieser **Kult der Beatrice** (95) Sinclair auf dem Weg seiner Bestimmung einen Schritt weiter bringt, führt ihn die Liebe zu Frau Eva nur tiefer in sein innerstes Wesen hinein:

> Manchmal glaubte ich bestimmt zu fühlen, daß es nicht ihre Person sei, nach der mein Wesen hingezogen strebte, sondern sie sei nur ein Sinnbild meines Innern und wolle mich nur tiefer in mich selbst hineinführen (176).

Auch Hermine im *STEPPENWOLF,* jene Frauengestalt, die differenzierter und vielschichtiger gezeichnet ist als alle anderen Frauen in HESSES Werk, trägt androgyne Züge. Mit mütterlicher Fürsorge umgibt sie den verzweifelten Steppenwolf, als lockende Liebespartnerin umwirbt sie ihn mit hermaphroditischem Zauber, während sie ihm durch ihre Fähigkeit, seinen Lebenskonflikt nachzuempfinden und zu deuten, und ihre Entschlossenheit, den vereinsamten Außenseiter die alltäglichen Freuden des Lebens zu lehren, zur Annahme der eigenen inneren Vielfalt führt. Deutlicher als in den früheren Romanen wird im *STEPPENWOLF* die Unmöglichkeit der Liebesvereinigung mit der androgynen Frau demonstriert: In der Hingabe des Ich in der Liebe, in der Vereinigung mit seinem Alter Ego hätte Harry Haller die eigene innere Vielfalt leben können, mit der Ermordung der Geliebten scheitert sein Versuch der Selbstwerdung.

Eine ähnlich destruktive Wendung vollzieht sich, verhüllt zwar und nur in Andeutungen greifbar, in Emil Sinclairs Beziehung zu Frau Eva. Die androgyne mütterliche Geliebte ermutigt den Liebenden seinem Gefühl die Kraft der Gewissheit zu verleihen und weckt in ihm die Hoffnung auf Erfüllung. Als Sinclair jedoch in einer gespannten Anstrengung seiner Seelenkräfte, die ihn sein unbekanntes Ich zum ersten Mal wie einen **Kristall im Herzen** (185) erleben lässt, die Geliebte zu sich ruft, erscheint Demian mit der Nachricht des Kriegsausbruchs. Die allgemeine Vernichtung wird hier, wie später Harry Hallers Mord an Hermine, umgedeutet in einen Akt der Befreiung.

Harry Hallers verschleiernde Deutung entlarvt sich selber in den hyperbolischen Bildern der Erstarrung und des Todes. Sinclair, aus seinem Liebestraum gerissen, erschreckt auch zunächst vor der **drohend grauenhaften Maske** der Zukunft (187), deutet jedoch nach kurzem Zögern die bevorstehende Vernichtung in einen Anruf des Schicksals um: **Wie sonderbar war dies alles, und wie schön im Grunde! Nun sollte ein Krieg kommen. Nun sollte das zu geschehen beginnen, was wir oft und oft geredet hatten** (188).

Dass aus der Vernichtung neues Leben entstehen möge, ist Demians Botschaft und Sinclairs Hoffnung. Diese innige Verbindung von Tod und Leben gehört zu den den gesamten Roman strukturierenden Polaritäten. Jeder Entwicklungsschritt im Leben Emil Sinclairs wird erlebt als **Sterben und Neugeborenwerden** (58), der Abschied von der Kindheit ebenso wie der Durchbruch zu einem neuen Ich, das seine Teilhabe an der Vielfalt der Welt erfahren hat: **Wer geboren werden will, muß eine Welt zerstören** (107). Ebenso betrachtet Demian den Krieg unter dem doppelten Zeichen von Zerstörung und Neugeburt: **Nichts Neues kommt ohne Tod** (182). Auch in der Schlussszene des Romans sind Todeszeichen und Lebenshoffnung ineinander verschlungen. Während die Aufzeichnungen Emil Sinclairs möglicherweise als Autobiografie eines sterbenden Soldaten gelten können, bricht sich im Bild des über den Spiegel sich Neigenden die Lebenshoffnung des zur Selbsterkenntnis und Selbstfindung bereiten Ich Bahn.

1.4.2 Entgrenzung und Transparenz

In der Begegnung mit Max Demian erlebt Sinclair zum ersten Mal eine Bestätigung seiner Welterfahrung, eine Bestätigung allerdings, die ihm zugleich zur beunruhigenden Herausforderung wird. Das ›andere Sehen‹, das Demian ihn lehrt, zwingt ihn die gebahnten Wege seines Denkens zu verlassen, die moralische Autorität des Elternhauses und der Schule bewusst in Frage zu stellen. Hatte ihn in seinen Erlebnissen mit Kromer bereits hin und wieder ein undeutliches Gefühl innerer Unabhängigkeit und Überlegenheit erfasst, so gibt das Gespräch mit Demian über die biblische Geschichte von Kain und Abel seinen Zweifeln neue Nahrung und seinen Fragen eine neue Richtung. In Kain, dem mutigen Außenseiter, sieht er vorübergehend sich selber in seiner Auflehnung und seinem Stolz. Auch Demian erscheint ihm in seiner Verteidigung des Brudermörders und seiner kühnen Umdeutung der biblischen Erzählung wie Kain, der Gezeichnete und Überlegene. In seiner mutigen Umwertung allgemein akzeptierter Normen und Gebote und in seinem tieferen Wissen erfüllt Demian Sinclair mit Bewunderung und Furcht. Je länger ihr Umgang währt, umso deutlicher tritt jedoch auch ihre innere Verwandtschaft zutage: in ihrer wortlosen Kommunikation, ihrer gemeinsamen Skepsis und ihrer Grunderfahrung einer dichotomischen Wirklichkeit. Da Demian seinen Freund jedoch stets an Radikalität und Konsequenz übertrifft, bleibt er ein beständiger Mahner und Versucher. Seine Aufforderung, Überzeugungen auch zu leben und ethische Gebote und Verbote in eigener Verantwortung zu schaffen, überfordert Sinclair in dieser Phase seiner Entwicklung, wird jedoch später seine Entscheidungen und sein Handeln prägen. **Aus Dankbarkeit und Scheu, aus Bewunderung und Angst, aus Zuneigung und innerem Widerstreben seltsam gemischt** (51–52) ist Sinclairs Gefühl für Demian in dieser Zeit. Indem er sich seinem Einfluss öffnet, erfasst ihn die Ahnung unentdeckter Regungen in ihm selber, die Ahnung eines anderen Ich: **Sprach da nicht eine Stimme, die nur aus mir selber kommen konnte? Die alles wußte? Die alles besser, klarer wußte als ich selber?** (47).

Bereits die Verschiebung seiner Traumängste lässt erraten, dass er beginnt Vitalität und Gewalt, Abenteuer und Gefahr als latente Möglichkeiten seiner inneren Vielfalt zuzulassen: [...] **alles, was ich von Kromer unter Qual und Widerstreben erlitten hatte, das erlitt ich von Demian gerne und mit einem Gefühl, das ebensoviel Wonne wie Angst enthielt** (41). Jedoch wird diese vorübergehende Bereitschaft, sich zu öffnen und zu verändern, durch die forcierte Rückkehr in die umhegte Kinderwelt sehr bald gehemmt.

Zu den beunruhigendsten Erfahrungen, die Sinclair als verboten und verlockend zugleich erlebt, gehört auch die pubertäre Sexualität. Wiederum ist er, wie Jahre zuvor in seinen Begegnungen mit Franz Kromer, nicht fähig das Unvertraute als Teil seines sich verändernden Selbst anzunehmen:

> **Das Wichtigste war: die ›dunkle Welt‹, die ›andere Welt‹ war wieder da. Was einst Franz Kromer gewesen war, das stak nun in mir selber. Und damit gewann auch von außen her die ›andere Welt‹ wieder Macht über mich** (58).

Dieser **›dunklen Welt‹** gehört in Sinclairs Augen auch Max Demian an. Die Geheimnisse, die ihn umgeben, sein Einfluss auf seine Mitmenschen, seine Zeitlosigkeit lassen ihn so lange unnahbar erscheinen, wie Sinclair sich selber gegen den Einbruch des Fremden abgrenzt. Sobald er sich aber Demians Einfluss wieder öffnet, tritt das Gemeinsame, Verbindende zwischen ihnen deutlich zutage:

> **Was Demian da über Gott und Teufel, über die göttlich-offizielle und die totgeschwiegene teuflische Welt gesagt hatte, das war ja genau mein eigener Gedanke, mein eigener Mythus, der Gedanke von den beiden Welten oder Welt-**

hälften – der lichten und der dunklen. Die Einsicht, daß mein Problem ein Problem aller Menschen, ein Problem allen Lebens und Denkens sei, überflog mich plötzlich wie ein heiliger Schatten, und Angst und Ehrfurcht überkam mich, als ich sah und plötzlich fühlte, wie tief mein eigenstes, persönliches Leben und Meinen am ewigen Strom der großen Ideen teilhatte (73–74).

Dieses Erfahrungsmuster prägt die Lebensgeschichte Emil Sinclairs in jeder Phase seiner Entwicklung: Dem Andrang der scheinbar von außen auf ihn einstürmenden neuen Erfahrungen folgt zunächst der Rückzug in die Grenzen des kindlichen Ich. Erst die allmähliche Entgrenzung der nur scheinbar fest umrissenen Persönlichkeit erweist das Bedrohliche als potenziellen Teil des eigenen Ich und führt in diesem Prozess der erlebten Erkenntnis den Einzelnen immer zugleich über die Grenzen des ›alten Ich‹ hinaus. Der Einsicht in die Teilhabe an der ›anderen Welt‹ folgt daher stets die Herausforderung:

Nur das Denken, das wir leben, hat einen Wert. Du hast gewußt, daß deine ›erlaubte Welt‹ bloß die Hälfte der Welt war, und du hast versucht, die zweite Hälfte dir zu unterschlagen, wie es die Pfarrer und Lehrer tun. Es wird dir nicht glücken! Es glückt keinem, wenn er einmal das Denken angefangen hat (74).

Jede Begegnung mit Max Demian verändert Emil Sinclair, auch wenn er späterhin die verändernde Erfahrung leugnet oder vergisst.

Sein Weg führt so schrittweise von der Abhängigkeit über die Identifikation zur Selbstständigkeit. Dabei nimmt Sinclair zwar die Grenze zwischen Ich und Nicht-Ich noch deutlich wahr, misst ihr aber immer weniger Bedeutung bei. Dem Heranwachsenden wird die Entgrenzung seines alten Ich zur Voraussetzung für den Aufbau eines neuen Ich.

Während Sinclair nach seinem Eintritt ins Gymnasium und seiner Trennung von Max Demian isoliert und in sich gekehrt lebt, brechen mit jener Nacht, in der er zechend und prahlend das Leben eines Taugenichts beginnt, die lang geleugneten Triebe und Lockungen aus dem unglücklichen **Kneipenheld und Spötter** (88) wieder hervor. Jedoch vermag er auch jetzt ebenso wenig wie in seiner Kindheit die **dunkle Welt** des Rausches und der erwachenden Sinnlichkeit als Ausdruck und Möglichkeit seines werdenden Ich zu akzeptieren. Zerrissen zwischen der Faszination des Lasters und der Sehnsucht nach der reinen verlorenen Heimat des Kindes fällt Sinclair in die schon früh erlebte Polarisierung zurück:

Und während ich, zwischen Bierlachen an schmutzigen Tischen geringer Wirtshäuser, meine Freunde durch unerhörte Zynismen belustigte und oft erschreckte, hatte ich im verborgenen Herzen Ehrfurcht vor allem, was ich verhöhnte, und lag innerlich weinend auf den Knien vor meiner Seele, vor meiner Vergangenheit, vor meiner Mutter, vor Gott (88).

Allerdings gewährt ihm sein ausschweifendes Leben trotz aller Gewissensqualen ein Gefühl befreiter Lebendigkeit; seine Auflehnung weckt in ihm zugleich das Verlangen nach dem Erleben des verschütteten Ich. So hebt mit seiner **Bekehrung** durch die Verehrung Beatrices eine Zeit gesteigerter Ich-Suche an. Zwar begibt sich der Liebende wie damals erneut in die Abhängigkeit von dem verehrten Wunschbild – und wie damals haben Sehnsucht und Idealisierung das reale Bild umgeschaffen –, jedoch gilt die Zuwendung einem selbst gewählten und gestalteten Ziel.

Inbegriff dieses Suchens nach eigenen Wegen wird für Sinclair die Malerei. Seine Bilder sind Ich-Ausdruck, sie bilden nicht Vorhandenes ab, sondern entwerfen unbewusst tastend Sinclairs Wunsch- und Traumbilder. Während er zunächst spielerisch ein Gesicht entwirft, in dessen polaren Zügen sich Sinclairs Welterfahrung spiegelt, ein Gesicht, das **zu mir** [...] **gehörte**, [...] **Forderungen an mich** [...] **stellte** (97), transformiert sich dieses Traumgesicht für den sich ihm öffnenden Sinclair zum Abbild Demians. Die vagen Züge des Gesichts, die dem Betrachter die je unterschiedlichen Deutungen nahe legen, lassen es recht eigentlich zum *Seelenbild* werden. Als Abbild Beatrices, Demians und schließlich Emil Sinclairs selbst führt es sichtbar vor Augen, wie dem Einzelnen auf der Suche nach sich selber andere Menschen zum Abbild seines Innern werden können:

> Und allmählich kam mir ein Gefühl, daß das nicht Beatrice und nicht Demian sei, sondern – ich selbst. Das Bild glich mir nicht – das sollte es auch nicht, fühlte ich –, aber es war das, was mein Leben ausmachte, es war mein Inneres, mein Schicksal oder mein Dämon (99).

In C. G. Jungs Lehre von den Symbolen und Archetypen, die HESSE aus der Auseinandersetzung mit Jungs psychoanalytischen Schriften und aus seinen therapeutischen Gesprächen mit Jung selber sowie mit seinem Schüler Dr. Lang vertraut waren, erscheinen die Bilder, die die individuelle Psyche in ihren Träumen entwirft, als Teile einer kollektiven und unbewussten Menschheitspsyche. Indem die Traumbilder die geleugneten Möglichkeiten der Psyche, die diese jedoch zu ihrer Verwirklichung notwendig braucht, aus dem Unbewussten emporheben, eröffnen sie dem Einzelnen den Blick auf die verlorene personale Ganzheit und weisen ihm den Weg zur Selbstfindung.

Mit seinen ersten Malversuchen beginnt denn auch Sinclairs aktive Suche nach sich selber. Bis dahin hatten ihn äußere Anstöße zwar immer wieder auf die verborgenen Kräfte und die Forderungen seines Innern aufmerksam gemacht, jedoch war er ihrem Drängen stets nur widerwillig gefolgt und jede neue Erfahrung führte notwendigerweise zur Flucht in die umgrenzte Sicherheit des Kindseins. Erst in seinen Malversuchen gelingt ihm der Ausdruck seiner inneren Bilder und damit zugleich der engagierte

Versuch eines neuen Ich-Entwurfs. Indem er **aus dem Unbewußten** (96) fließende Bilder entwirft, die sich dem deutenden Blick je und je anders darstellen, erlebt er die Transparenz der Persönlichkeit. Das einzelne Bild wird durchsichtig auf andere Bilder hin, der Einzelne erfährt, sobald die festen Konturen seines Ich durchlässig werden, seine Teilhabe an anderen Lebewesen, anderen Zeiten, anderen Lebensformen:

> Wir ziehen die Grenzen unserer Persönlichkeit immer viel zu eng! Wir rechnen zu unserer Person immer bloß das, was wir als individuell unterschieden, als abweichend erkennen. Wir bestehen aber aus dem ganzen Bestand der Welt, jeder von uns, und ebenso wie unser Körper die Stammtafeln der Entwicklung bis zum Fisch und noch viel weiter zurück in sich trägt, so haben wir in der Seele alles, was je in Menschenseelen gelebt hat. Alle Götter und Teufel, die je gewesen sind, sei es bei Griechen und Chinesen oder bei Zulukaffern, alle sind mit in uns, sind da, als Möglichkeiten, als Wünsche, als Auswege (124).

Indem Sinclair Beatrices Porträt entwirft, es seinem inneren Drängen folgend umschafft, bis es Demian ähnelt und schließlich zum Inbegriff seines eigenen inneren Wunschbildes wird, bildet er verborgene seelische Kräfte ab, die er im Prozess der Selbstfindung bewusst erkennen und annehmen muss:

> Ich blickte auf das Bild, das am Fenster hing und ganz erloschen war. Aber ich sah die Augen noch glühen. Das war der Blick Demians. Oder es war der, der in mir drinnen war. Der, der alles weiß (102–103).

Dabei verkörpert Max Demian, der ihn wie eine innere Stimme immer wieder auf sich selber verweist, das Bild des vollkommenen, in der Einheit von Wissen und Handeln zur Selbstverwirklichung gelangten Ich. In seiner **seltsamen, tierhaften Zeitlosigkeit** (74), **steinern, uralt, tierhaft, steinhaft, schön und kalt, tot und heimlich voll von unerhörtem Leben** (78), zeugt er von jener Teilhabe des Individuums an der Entwicklung des Weltganzen.

Das Aufbrechen der starren Ich-Grenzen, den Durchbruch zu neuen Ich-Erfahrungen entwirft Sinclair im Bild des aus dem Ei sich befreienden Sperbers. Auch diese Rückbesinnung auf den Wappenvogel über dem elterlichen Haustor verdankt er Demian, der ihn in einem angsterfüllten Traum zwingt den sich beständig verwandelnden Vogel zu essen.

In C. G. Jungs Vorstellungswelt symbolisiert die Aufhebung der Bilder ihre Rücknahme, nachdem sie ihre Funktion, das Ich zu sich selber zu führen, erfüllt haben. Dass diese Rücknahme für den Suchenden angstbesetzt ist, weil er die in ihm wohnenden Kräfte noch nicht beherrscht, die Ich-Erweiterung noch gar nicht vollziehen kann, bestätigt Sinclairs Traumerfahrung. Noch bedarf er der Bilder, die ihm Ich-Ausdruck und Wegweiser zugleich sind.

Über Demians Deutung des Sperberbildes – **Der Vogel kämpft sich aus dem Ei. Das Ei ist die Welt. Wer geboren werden will, muß eine Welt zer-**

stören. **Der Vogel fliegt zu Gott.** Der Gott heißt **Abraxas** (107) – kommt Emil Sinclair mit Pistorius in Berührung, der ihn die Entgrenzung seiner Persönlichkeit lehrt und damit Sinclairs eigene tastende Schritte unterstützt und lenkt. In dieser Zeit stürmischer innerer Wandlung fühlt Sinclair sich immer noch wie von einer fremden Macht geführt, jedoch erkennt er, dass die verändernde Kraft aus seinem eigenen Innern kommt: **Fest war nur eines: die Stimme in mir; das Traumbild. Ich fühlte die Aufgabe, dieser Führung blind zu folgen** (112).

Jetzt vermag er auch die scheinbaren Zufälle als die Wirkungen innerer Notwendigkeit zu begreifen. Auch die Begegnung mit Pistorius entspringt dem inneren Verlangen die eigene Erfahrung der polaren Wirklichkeit weiterzutreiben. In meditativen Übungen und klärenden Gesprächen erfasst Sinclair seine Teilhabe am gesamten Lebensprozess und erkennt die Notwendigkeit die Vielfalt der eigenen inneren Möglichkeiten bewusst zu bejahen, sie zu kennen und zu leben. Pistorius erschließt ihm die Bilder der Seele, seine Träume und Visionen, die als Symbole und Urbilder der Menschheit die Sehnsucht der Seele nach ihrer eigenen ganzheitlichen Verwirklichung ausdrücken. **Libidogleichnisse** nennt C. G. Jung diese Bilder und führt damit die immer wieder in der Menschheitsgeschichte auftauchenden **Archetypen** auf ihre gemeinsamen Wurzeln zurück, ihren Ursprung im Verlangen der Seele nach Vollkommenheit. Dieser **Menschheitsbesitz** (126) verknüpft das einzelne Lebewesen mit dem gesamten Bestand der Welt, lässt es seinen Ort zwischen tiefer Vergangenheit und ferner Zukunft ahnen:

> Da hörte ich ein dunkles, schweres Brausen wie von einem Frühjahrssturm und zitterte in einem unbeschreiblich neuen Gefühl von Angst und Erlebnis. Sterne zuckten vor mir auf und erloschen, Erinnerungen bis in die erste, vergessenste Kinderzeit zurück, ja bis in Vorexistenzen und frühe Stufen des Werdens, strömten gedrängt an mir vorüber. Aber die Erinnerungen [...] hörten mir gestern und heute nicht auf, sie gingen weiter, spiegelten Zukunft, rissen mich von heute weg und in neue Lebensformen [...] (139–140).

In der Lehre des Gott und Teufel in sich vereinigenden Abraxas eröffnet sich für Sinclair zugleich ein Weg jenseits der ihn von Kindheit an einengenden, einen Teil seines lebendigen Selbst unterdrückenden Moral. Wie Demian lehrt ihn Pistorius, jeden Wunsch, jede Triebregung als Selbstausdruck ernst zu nehmen und ihre Wirklichkeit anzuerkennen, denn:

> Die Dinge, die wir sehen, [...] sind dieselben Dinge, die in uns sind. Es gibt keine Wirklichkeit als die, die wir in uns haben. Darum leben die meisten Menschen so unwirklich, weil sie die Bilder außerhalb für das Wirkliche halten und ihre eigene Welt in sich gar nicht zu Worte kommen lassen (133).

Je mehr Sinclair seine innere Wirklichkeit **zu Worte kommen** lässt, umso selbstständiger wird er, umso eher kann er sich von seinem Lehrer Pistorius lösen, dessen **antiquarischer** Mysterienkult ihn einengt und von seinem eigenen Schicksal entfernt. Im Unterschied zu Pistorius gewinnen die Mysterienkulte und überlieferten religiösen Lehren für Sinclair keinen Eigenwert, sondern dienen ihm lediglich als Wegweiser zur umfassenden Schau seines eigenen Selbst:

> Was mir wohltat, war das Vorwärtsfinden in mir selber, das zunehmende Vertrauen in meine eigenen Träume, Gedanken und Ahnungen, und das zunehmende Wissen von der Macht, die ich in mir trug (142).

Auch die widersprüchlichsten Regungen des Innern zuzulassen, ihnen nachzuhorchen und sie zu entfalten hat Pistorius ihn gelehrt; das Ziel seiner Bemühungen, das, was Emil Sinclair sein **Schicksal** nennt, kann er ihm nicht zeigen, denn es liegt als Aufgabe einzig und allein in ihm selber.

So führt Emil Sinclairs Weg von der Abhängigkeit über die Identifikation zur schrittweisen Selbstständigkeit. An Franz Kromer und an Max Demian fesselten den eben zur Ahnung seiner selbst erwachenden Sinclair die Angst und die Verlockung, die Faszination und der Wunsch nach Veränderung. In der Identifikation mit Demian erlebte er das Erwachen zu sich selber, unabdingbare Voraussetzung der Ich-Findung. Um jedoch aus der Nachfolge zur Selbstständigkeit zu finden, aus der Erfahrung der vielgestaltigen inneren Bilder zur Ich-Synthese, bedarf es der Anspannung aller inneren Kräfte:

> Es gab keine, keine, keine Pflicht für erwachte Menschen als die eine: sich selber zu suchen, in sich fest zu werden, den eigenen Weg vorwärts zu tasten, einerlei wohin er führte […] Ich war nicht da, um zu dichten, um zu predigen, um zu malen, weder ich noch sonst ein Mensch war dazu da. Das alles ergab sich nur nebenher. Wahrer Beruf für jeden war nur das eine: zu sich selbst zu kommen (150).

1.4.3 Die neue Ich-Synthese

Mit jedem Bild, das Sinclair entwirft, sei es in Traumvisionen oder auf der Staffelei, nähert er sich jenem Wunschbild, das Selbstbildnis und Ideal zugleich verkörpert. Dieses Bild vereinigt seine Wünsche und seine Ängste, spiegelt seine dichotomische Wirklichkeitserfahrung und hebt sie zugleich auf in der Einheit der inneren Notwendigkeit: **Wonne und Grauen, Mann und Weib gemischt, Heiligstes und Gräßliches ineinander verflochten, tiefe Schuld durch zarteste Unschuld zuckend – so war mein Liebestraumbild, und so war auch Abraxas** (111–112). Die Deutungsvielfalt mündet schließlich in der Rücknahme des Bildes ins eigene Innere: **Ich wollte vor ihm niederknien, aber es war so sehr in mir innen, daß ich es nicht mehr von mir trennen konnte, als wäre es zu lauter Ich geworden** (139). Während die Rücknahme des Sperberbildes in einer früheren, durch starke Abhängigkeit geprägten Entwicklungsphase angstbesetzt war, markiert die Vernichtung des Porträtbildes nun einen Fortschritt auf Sinclairs Weg der Selbstfindung:

> Ich suchte das Bild, es hing nicht mehr an der Wand, lag nicht auf dem Tische. Da meinte ich mich dunkel zu besinnen, daß ich es verbrannt hätte. Oder war es ein Traum gewesen, daß ich es in meinen Händen verbrannt und die Asche gegessen hätte? [...] Es lebte jetzt nicht mehr nur in meinen Träumen und nicht mehr gemalt auf Papier, sondern in mir, als ein Wunschbild und eine Steigerung meiner Selbst (140, 143).

So geht denn auch der realen Begegnung mit Frau Eva, seinem Traumbild, die bejahende Wiederbegegnung mit der eigenen Vergangenheit voraus, die bereit macht für die Botschaft Frau Evas. War Sinclair bisher unterwegs gewesen zu einem wenngleich unbekannten Ziel, so erfährt er jetzt, dass Selbstfindung ein niemals endender Prozess ist, nicht Ziel eines Weges, sondern der Weg selber, das Unterwegssein. Auch seine Liebe zu Frau Eva kann ihm nicht Heimat werden, sondern Wegweiser: **Manchmal glaubte ich bestimmt zu fühlen, daß es nicht ihre Person sei, nach der mein Wesen hingezogen strebte, sondern sie sei nur ein Sinnbild meines Innern und wolle mich nur tiefer in mich selbst hinein führen** (176). Doch zieht sich im Umgang mit ihr sein Ich zu fühlbarer Klarheit zusammen, überwindet Sinclair die Widersprüchlichkeit seiner Welterfahrung. Polare Spannung bleibt dagegen als Voraussetzung psychischer Aktivität erhalten:

> Alles Menschliche ist relativ, weil alles auf innerer Gegensätzlichkeit beruht, denn alles ist energetisches Phänomen. Energie aber beruht notwendigerweise auf einem vorausgehenden Gegensatz, ohne welchen es gar keine Energie geben kann. Immer muß Hoch und Tief, Heiß und Kalt usw. vorhanden sein, damit der Ausgleichungsprozeß, welcher eben Energie ist, stattfinden kann [...] Nicht um eine Konversation ins Gegenteil, sondern um eine Erhaltung der früheren Werte zusammen mit einer Anerkennung ihres Gegenteils, darum handelt es sich.[29]

Diese dynamische Auffassung der menschlichen Psyche liegt auch HESSES Entwurf einer paradigmatischen Selbstwerdung zugrunde. Dass Selbstwerdung immer zugleich Loslösung bedeutet, erfährt Sinclair auf jeder Stufe seiner Entwicklung. Die Auflehnung gegen die elterliche Autorität, die Trennung von Pistorius und die Befreiung aus seinen einengenden Mysterienkulten sowie die Überwindung der ungelösten Mutterbindung in der Liebesbeziehung zu Frau Eva bestätigen dieses Prinzip der Individuation. Sinclairs ambivalente Beziehung zu seiner Mutter spiegelt sich in seinem Verhältnis zu Frau Eva wider. Ein Traum, **der wichtigste und nachhaltigste meines Lebens** (111) zeigt ihm Mutter und androgyne Geliebte in *einer* Gestalt, deren Erscheinung sich dem Nähertretenden jedoch verwandelt und verfremdet. Auf diese Weise signalisiert der Traum bereits die bevorstehende Lösung der Mutterbindung, die Überwindung der Abhängigkeit von Max Demian und die Hinwendung zu Frau Eva als der **Mutter aller Wesen, als Sinnbild meines Innern.**

Dass Sinclairs **Schicksal,** dem er sich endlich nahe weiß und das sich in der Gemeinschaft der **Gezeichneten** vollziehen soll, sich gerade in der Teilnahme am ausbrechenden Weltkrieg erfüllt, erscheint zunächst wie ein Paradox. Schicksal, für Sinclair der Inbegriff des zu sich selber kommenden Ich, geschieht hier im Rausch der Vernichtung:

> Die Urgefühle, auch die wildesten, galten nicht dem Feinde, ihr blutiges Werk war nur Ausstrahlung des Innern, der in sich zerspaltenen Seele, welche rasen und töten, vernichten und sterben wollte, um neu geboren werden zu können. Es kämpfte sich ein Riesenvogel aus dem Ei, und das Ei war die Welt, und die Welt mußte in Trümmer gehen (190–191).

Der Begriff des Schicksals zeichnet sich in der zweiten Hälfte des Romans deutlich als der die individuelle Entwicklung regierende ab. Sinclairs Einsicht, die er in Novalis *Heinrich von Ofterdingen* vorgebildet findet: **Schicksal und Gemüt sind Namen eines Begriffs,** interpretiert die persönliche Zukunft des Helden als Ausdruck und Konsequenz des Charakters. Die Entwicklung liegt so bereits im Individuum beschlossen, sie ist seinem kritischen Zugriff und seiner Verantwortung entzogen. Zugleich wird auch die überindividuelle historische Entwicklung als Schicksalswille gedeutet. Eine sich naturhaft entfaltende Geschichte braucht Menschen, die **schicksalsbereit** sind, offen für jedwede Zukunft: **Welcher Welle einer dient, von welchem Pol aus er regiert wird, das liegt nicht in seiner Wahl** (172). Für Entscheidung und Eigenverantwortlichkeit bleibt kein Raum. Im Bild des Sperbers, der sich aus dem Ei befreit, wird sowohl der Ausbruch des Einzelnen aus den einengenden gesellschaftlichen und moralischen Konventionen als auch die Zerstörung einer überlebten Gesellschaft durch den Krieg in ein Naturbild gefasst. Mit naturhafter Notwendigkeit vollzieht sich der Untergang der alten Welt. Zugleich erscheinen Untergang und Wiedergeburt im Bild des Sperbers vereint: **Wer geboren werden will, muß eine Welt zerstören** (107). Es ist dieser Rhythmus von Zerstörung und neuem Leben, der für Demian und Sinclair gleichermaßen das Kriegsgeschehen zur Erfüllung ihrer Sehnsucht nach Veränderung werden lässt. Deshalb gewinnt auch die Wirklichkeit des Krieges keine Gestalt, wird das Grauen der Vernichtung bagatellisiert:

> Es wird mir ja im Grund kein Vergnügen machen, Gewehrfeuer auf lebende Menschen zu kommandieren, aber das wird nebensächlich sein. Es wird jetzt jeder von uns in das große Rad hineinkommen (187).

Austauschbar erscheint dieser Krieg, belanglos sein politischer Hintergrund:

Und je starrer die Welt auf Krieg und Heldentum, auf Ehre und andre alte Ideale eingestellt schien, je ferner und unwahrscheinlicher jede Stimme scheinbarer Menschlichkeit klang, dies war alles nur die Oberfläche, ebenso wie die Frage nach den äußeren und politischen Zielen des Krieges nur Oberfläche blieb. In der Tiefe war etwas im Werden. Etwas wie eine neue Menschlichkeit [...] Nein, die Objekte, ebenso wie die Ziele, waren ganz zufällig (190).

Erschreckend muten die inhumanen Klischees an, die hier mit dem Pathos der Überzeugung verkündet werden. Wie kann naive Kriegsbegeisterung im Roman des Idealisten und engagierten Menschenfreundes HERMANN HESSE plötzlich ihre Stimme erheben? Gibt es im DEMIAN ein Geflecht ideologischer Bezüge, das dieser Vorschub leistet?

Jeder HESSE-Leser sieht sich unweigerlich mit dem Widerspruch konfrontiert, dass der Autor sich Zeit seines Lebens zu einem Humanismus jenseits jeglicher politischer Parteilichkeit bekannt hat, andererseits jedoch denjenigen Romanfiguren, die auf positive Identifikation hin angelegt sind, das Klischee der Kriegsbegeisterung in den Mund legt. Überhöhung und Stilisierung der geschichtlich konkreten Ereignisse bereitet den Weg für die Unverbindlichkeit der apolitisch **Geistigen**.

Der Tod im Felde wird zum allgemein menschlichen Erlebnis, das nicht patriotisch heroisiert, vielmehr poetisch verklärt erscheint [...][30] Eine solche Interpretation, die HESSES Verklärung des **eigenen Todes** im Sinne Rilkes betont, übersieht indes völlig die Gefahr dieser ›Poetisierung‹: Das pathetisch verkündete **Urgefühl** negiert die konkrete Brutalität des gewaltsamen Todes, die versöhnliche Ambivalenz des Todes als Tor zu neuem Leben überhöht die sinnlose Vernichtung zum Opfertod.

Fasste der aus dem Ei sich befreiende Wappenvogel zunächst Sinclairs Befreiung ins Bild, so rechtfertigt das auf den gesellschaftlichen Prozess übertragene Symbol nun gleichsam Sinclairs und Demians Kriegsbegeisterung, verleiht es dem ungeheuerlichen Morden einen überzeitlichen Sinn: **Es ist, genau besehen, nichts sehr viel anderes als das ruchlose Geschwafel der übrigen deutschen Dichter von der Reinigung und Läuterung im großen Blutbad,** merkt Peter de Mendelssohn in seiner Studie über den **Außenseiter HERMANN HESSE** an.[31]

Um voreilige einseitige Schlussfolgerungen zu vermeiden gilt es, HESSES eigene Äußerungen zur politisch-gesellschaftlichen Lage seiner Zeit aufzusuchen und seine Selbsteinschätzung als Schriftsteller zu durchleuchten.

Auch ich war einmal in meinem Leben genötigt, meine ganze stille, beschauliche Philosophie wegzuwerfen und mich bis zum Verbluten an den Tag hinzugeben. Das war, als der Krieg kam, und für nahezu zehn Jahre war der Protest gegen den Krieg, der Protest gegen die rohe, blutsaufende

Dummheit der Menschen, der Protest gegen die ›Geistigen‹, namentlich die den Krieg predigten, für mich Pflicht und bittre Notwendigkeit.[32] In seinen politischen Aufsätzen erinnert HESSE immer aufs Neue an die moralische Verantwortung der Intellektuellen, **an den Geist, in dem die besten deutschen Denker und Dichter gelebt haben [...], an die Mahnung zur Gerechtigkeit, Mäßigung, Anstand, Menschenliebe [...] Die Überwindung des Krieges [ist] nach wie vor unser edelstes Ziel und die letzte Konsequenz abendländisch-christlicher Gesittung.**[33] **Daß Liebe höher sei als Haß, Verständnis höher als Zorn, Friede edler als Krieg, das muß ja eben dieser unselige Weltkrieg uns tiefer einbrennen, als wir es je gefühlt.**[34] Sich aktiv politisch zu engagieren lehnte der Autor indessen ab: **Mein Dienst und Beruf ist der der Menschlichkeit. Beide sind nötig, aber beiden zugleich dienen ist kaum möglich. Politik fordert Partei, Menschlichkeit verbietet Partei.**[35] Als Intellektuellem war HESSE vor allem an der geistigen Erneuerung der Menschen gelegen. Das Unbehagen an einer zum Untergang bestimmten Gesellschaft teilte er mit vielen Dichtern seiner Zeit, die Erleichterung über die moralische und geistige Erneuerung, die die Erschütterungen des Krieges im Menschen zu bewirken vermögen, gleichermaßen: **Aus dem blöden Kapitalistenfrieden herausgerissen zu werden, tat vielen gut, grade auch Deutschland.**[36] Und er fährt fort:

> Das gefällt mir eigentlich an diesem phantastischen Krieg, daß er gar keinen ›Sinn‹ zu haben scheint, daß es nicht um irgendeine Wurst geht, sondern daß er die Erschütterung ist, von der ein Wechsel der Atmosphäre begleitet wird. Da unsere Atmosphäre einigermaßen faul war, kann der Wechsel immerhin Gutes bringen. Ob es teuer und etwa allzu teuer erkauft sei, dürfen wir nicht entscheiden.[37]

Die Begeisterung für die große Erneuerung, die uns in *DEMIAN* erschreckt und betroffen macht, hat hier ihre Wurzeln. Das Bewusstsein der tiefen Kluft zwischen Durchschnittsbürger und Künstler, die HESSE stets empfunden und artikuliert hat, führt ihn zu jener Abwertung des **Herdenmenschen** und der Missachtung des einzelnen Lebens: **Viel lieber als der Krieg ist mir das normale Leben der Herdenmenschen auch nicht, und viele von ihnen merken das jetzt auch und kommen aus den Schlachten heim mit der Sehnsucht, vernünftiger, schöner, besser zu leben.**[38]

> Daß den verachteten Herdenmenschen ihr ›normales Leben‹ noch immer lieber sein könne als gar kein Leben, daß sie aus den Schlachten überhaupt nicht heimkommen, sondern in ihnen nicht zu Tausenden, sondern Hunderttausenden zugrunde gehen könnten – dieser Gedanke taucht überhaupt nicht auf,

kommentiert Peter de Mendelssohn diese Äußerung des Briefschreibers und er fährt fort:

Dieser Brief wurde nach der Marneschlacht geschrieben; vorher, als man noch mit einem kurzen, wenig verlustreichen Krieg von ein paar Wochen rechnete, wäre er nicht erbaulicher, aber doch begreiflicher gewesen.[39]

Nach einem Besuch in deutschen Lazeretten bricht sich dagegen wieder die Empörung über die Brutalität des Krieges Bahn:

> Auf einmal spüre ich als Reaktion auf diese zehn Tage voll Kriegsgeschichten und Schlachtberichten einen großen Ekel und sehe für Stunden wieder nur die Schweinerei und das furchtbare Leid, sonst nichts vom Kriege.[40]

Der Widerspruch zwischen dem humanitären Engagement und der inhumanen Menschenferne mancher Kriegsäußerungen HERMANN HESSES lässt sich nicht auflösen; er lässt sich lediglich beleuchten. Die Ursachen für die mehrdeutige Haltung des Autors liegen in seiner unhistorischen Betrachtungsweise der Geschichte ebenso wie in seiner abgehobenen Position als Intellektueller, der sich weder dem Bürger noch der Tagespolitik verpflichtet weiß, sondern seine Hoffnung einzig in die Erneuerung des einzelnen Menschen setzt:

> Ich glaube zu wissen, daß jeder Wille zur Änderung der Welt zu Krieg und Gewalt führt und kann mich darum keiner Opposition anschließen, denn ich billige die letzten Konsequenzen nicht [...] Was wir ändern können und sollen, das sind wir selber: unsere Ungeduld, unseren Egoismus (auch den geistigen), unser Beleidigtsein, unseren Mangel an Liebe und Nachsicht. Jede Änderung der Welt, auch wenn sie von besten Absichten ausgeht, halte ich für nutzlos.[41]

So geht es auch in seinem Roman *DEMIAN* um die Veränderbarkeit des Einzelnen. Sinclair bemüht sich, in den **Orden des Gedankens und der Persönlichkeit** aufgenommen zu werden, als dessen Vertreter er Demian ansieht. Damit reiht sich jedoch der angeblich nur auf sich und sein Inneres Lauschende ein in die populäre Philosophie seiner Zeit, die in der Nachfolge NIETZSCHES bereits um die Jahrhundertwende die Verehrung des Ausnahmemenschen, der die Geschichte bewegenden großen Persönlichkeit, zelebrierte. Auch die um Frau Eva versammelten jungen Männer fühlen sich in ihrem Kulturpessimismus und ihrem Zivilisationsüberdruss als Elite der Auserwählten, als geistige Erneuerer Europas: **Unsere Aufgabe war, in der Welt eine Insel darzustellen, vielleicht ein Vorbild, jedenfalls aber die Ankündigung einer anderen Möglichkeit zu leben** (169). Die **Gezeichneten** jedoch setzen der **Verödung des Geistes,** die sie verurteilen, kein anderes Ziel entgegen als dies:

> daß jeder von uns so ganz er selbst werde, so ganz dem in ihm wirksamen Keim der Natur gerecht werde und zu Willen lebe, daß die ungewisse Zukunft uns zu allem und jedem bereit finde, was sie bringen möchte (171).

Hier schließt sich der ideologische Zirkel: Die Ablehnung der eigenen Zeit und der Rückzug auf das innere Selbst, den HESSE propagiert, entleeren das Sinngefüge des Romans zur Schablone, die sich in der Folge mit beliebigen ideologischen Inhalten füllen lässt.

Eine vergleichbare Tendenz zur Bedeutungsentleerung begegnet etwa auch in HESSES späterem Roman *DER STEPPENWOLF*. Harry Hallers Zivilisationskritik erschöpft sich hier ebenso wie Demians Ablehnung der eigenen Zeit in gefühlsbetonten Tiraden des Abscheus und scharfer Geißelung der Missstände, ohne dass das Gegenbild, dem sich die Geisteselite der **echten Menschen** verpflichtet fühlt, jenseits des bloßen Spiels mit konträren Wörtern und Wortfeldern Konturen gewönne.

Emil Sinclair, für den einzig der Weg des Einzelnen durch die Zerstörung hindurch zur Begegnung mit sich selber maßgebend ist, findet das Ziel seines Weges schließlich in der Tiefe des eigenen Innern:

> Aber wenn ich manchmal den Schlüssel finde und ganz in mich selbst hinuntersteige, da wo im dunkeln Spiegel die Schicksalsbilder schlummern, dann brauche ich mich nur über den schwarzen Spiegel zu neigen und sehe mein eigenes Bild, das nun ganz Ihm gleicht, Ihm, meinem Freund und Führer (194).

Individuation als Verwirklichung personaler Ganzheit, die zugleich die Urbilder der Menschheitsgeschichte in sich aufbewahrt, wird hier im Bild des sich über den Spiegel Neigenden sichtbar gemacht. In der Verschmelzung mit seinem **Seelenbild** ist Emil Sinclair die Synthese der widersprüchlichen Ich-Entwürfe gelungen.

Das Bild des Spiegels, ein in der Literatur vertrautes und in seiner Bedeutung durch die Tradition geprägtes Symbol, taucht in HESSES Romanen immer wieder auf. Einerseits gilt der Spiegel als magisches Objekt, über dessen Zauberkräfte Propheten und Wahrsager gebieten, andererseits gewährt er dem Betrachter in der Selbstbegegnung einen Blick in die Tiefe des eigenen Innern. Selbstbezauberung und Selbsterkenntnis sind Gefahr und Möglichkeit einer solchen Selbstbegegnung.

So erblickt Friedrich Klein in HESSES ebenfalls 1919 erschienener Novelle *KLEIN UND WAGNER* im Spiegel das Verbrechergesicht Wagners, seines **üblen Schattens, denn Wagner war der Mörder und Gejagte in ihm [...] Wagner war der Sammelname für alles Unterdrückte, Untergesunkene, zu kurz Gekommene in dem ehemaligen Beamten Friedrich Klein** (*KLEIN UND WAGNER*, S. 70). Zum zentralen Symbol wird der Spiegel in HESSES späterem Roman *DER STEPPENWOLF*. Der Blick in den Spiegel und ebenso der Widerschein des eigenen Selbst in anderen Menschen gewährt dem *STEPPENWOLF* Harry Haller eine Fülle von vielfältigen Ich-Erfahrungen, die ihn seine eigene seelische Wirklichkeit ahnen lassen. Jedoch vermag auch die Selbstbegegnung im Spiegelkabinett des **Magischen Theaters** Harrys innere Zerrissenheit nicht zu überwinden: Personale Ganzheit bleibt das unerreichte Ziel des Romans.

Emil Sinclair dagegen erreicht dieses Ziel durch die Verschmelzung mit seinem Alter Ego Max Demian. Die Selbstbegegnung im Spiegel birgt hier nicht länger die Gefahr des narzisstischen Ich-Verlusts auf der einen oder des Beharrens auf dem ›alten Ich‹ auf der anderen Seite, sondern öffnet den Blick für die vielgestaltigen Erscheinungsweisen des Selbst. In der Vereinigung der Bilder stellt sich Sinclairs ›Menschwerdung‹ symbolisch dar.

1.5 Struktur und Sprachstil

1.5.1 Die Stufen der Entwicklung

DEMIAN erzählt in biografisch-chronologischer Entfaltung die Lebensgeschichte eines Einzelnen, der im Wechselspiel von Umwelteinfluss und Persönlichkeitsausdruck zum Individuum geformt wird. In seiner äußeren und inneren Struktur steht der Roman damit in der Tradition des Bildungs- und Entwicklungsromans, der sich, vor allem durch Goethes normsetzendes Werk WILHELM MEISTERS LEHRJAHRE (1796) geprägt, in Deutschland im 19. Jahrhundert zur führenden epischen Gattung entwickelt, deren Tradition bis ins 20. Jahrhundert hinein wirkt.

Im Entwicklungsroman bestimmt der Held sowohl die chronologische als auch die kausale und finale Verknüpfung der Handlung.[42] Sein Lebensweg bildet in einer nicht umkehrbaren Folge der Entwicklungsphasen das Handlungsgerüst, die Geschichte seiner inneren Entwicklung das Sinngefüge. Erlebend, berichtend und deutend konstituiert sich der Held als zentrale Figur. Als Rezeptor der Umwelteindrücke steht Sinclair in der Tradition des bildsamen Helden, der sich den Außenimpulsen öffnet, die ihn prägen und entwickeln. In seiner Erinnerung schildert der Ich-Erzähler die behütende Atmosphäre des Elternhauses und beschwört zugleich die bedrohliche **dunkle Welt** mit all ihrer Faszination herauf. In seiner mitteilenden Funktion schildert sich der Erzähler als einen Suchenden und sich Verändernden und stellt sich damit ausdrücklich in die Tradition des Entwicklungsromans, in dem das einzelne Leben paradigmatische Bedeutung gewinnt: **Das Leben jedes Menschen ist ein Weg zu sich selber hin, der Versuch eines Weges, die Andeutung eines Pfades** (8). Trotz aller Zweifel an der Erzählbarkeit seiner Lebensgeschichte bestimmt der Ich-Erzähler als personales Zentrum des Erzählens nicht nur die Perspektive, aus der das Geschehen gesehen und berichtet wird, sondern auch die Deutung seiner Biografie: **Wir können einander verstehen; aber deuten kann jeder nur sich selbst** (9).

Die Spannung zwischen dem rückblickenden Erzähler, dem ›erzählenden Ich‹ und dem ›erlebenden Ich‹ macht sich im Roman immer wieder geltend. Der Ich-Erzähler, der seinen Lebensweg rückblickend als sinn-erfüllt begreift, deutet seine Erlebnisse von dem erreichten Ziel der Selbst-werdung her. In seinen deutenden Reflexionen hebt er die überindividuelle Gültigkeit seiner Erfahrungen hervor und lässt auf diese Weise den miterle-benden Leser an seinen Einsichten teilhaben:

> Von diesem ganzen Erlebnis, soweit es bis hier erzählt ist, war dieser Augen-blick das Wichtige und Bleibende. Es war ein erster Riß in die Heiligkeit des Vaters, es war ein erster Schnitt in die Pfeiler, auf denen mein Kinderleben geruht hatte, und die jeder Mensch, ehe er er selbst werden kann, zerstört haben muß. Aus diesen Erlebnissen, die niemand sieht, besteht die innere, wesentliche Linie unsres Schicksals. Solch ein Schnitt und Riß wächst wie-der zu, er wird verheilen und vergessen, in der geheimsten Kammer aber lebt und blutet er weiter (23–24).

Nicht selten wendet sich der Erzähler ausdrücklich an den verständnisvol-len Leser:

> Ich weiß, daß manche nicht glauben werden, daß ein Kind von noch nicht elf Jahren so zu fühlen vermöge. Diesen erzähle ich meine Angelegenheit nicht. Ich erzähle sie denen, welche den Menschen besser kennen (42).

Der wissende Rückblick lässt ihn auch die scheinbar selbstzerstörerischen Ausschweifungen seiner ersten Schulzeit in St. als notwendige Entwick-lungsschritte begreifen: **Es war ein Beginn, ein Erwachen des Heimwehs nach mir selber** (90). Mit demselben autoritativen Gewicht, das der Er-zähler bereits im Vorspann geltend macht, verkündet er angesichts der Wiederbegegnung mit Demian im Lazarett: **Da war ich am Ziel […] Nun lag ich in einem Saal, am Boden gebettet, und fühlte, daß ich dort sei, wo-hin ich gerufen war** (192). In der symbolischen Vereinigung mit Demian erfüllt sich sein Lebensweg. Der Blick in den Spiegel, in dem **die Schicksals-bilder schlummern,** bedeutet Selbstbegegnung und Teilhabe am Men-schenschicksal zugleich.

Emil Sinclairs Lebensgeschichte entfaltet sich prozesshaft von ihren An-fängen in der Kindheit durch Krisen und Wandlungen bis zu einem vorläu-figen Ziel. Wie im traditionellen Entwicklungsroman setzt die Erzählung an einem Wendepunkt mit dem Eintritt des Helden in ein konfliktgela-denes Entwicklungsstadium ein: Der zehnjährige Sinclair beginnt die ihm bislang verborgenen Lockungen und Geheimnisse der **anderen** Welt jen-seits des Elternhauses zu entdecken und gerät dadurch in einen sein Den-ken, Fühlen und Handeln erschütternden Konflikt. In chronologischer Abfolge schildert der Erzähler sodann die wichtigsten Stadien seiner Ent-wicklung; jeweils an den Wendepunkten seines Lebensweges tritt die Po-larisierung von Held und Umwelt besonders deutlich zutage. In der Aus-einandersetzung mit der ihm entgegenstehenden Umwelt entfaltet sich der

Einzelne zum autonomen Individuum, das fähig wird zur Integration in die es umgebende Welt.

Emil Sinclairs Lebensgeschichte wird in drei großräumigen Erzählphasen berichtet: Die Kindheit mit ihren beängstigenden Erfahrungen, der Bedrohung durch Franz Kromer und der Verunsicherung und Verlockung durch Max Demian (Kapitel 1–3). Die zweite Phase setzt ein mit Sinclairs trotziger Weltverachtung, seinem Kampf mit den verlorenen Idealen der Kindheit. Seine plötzliche Wandlung nach der Begegnung mit Beatrice ist lediglich die Kehrseite seiner Ausschweifungen, der Versuch, sich im Widerstreit der einander entgegenstehenden Kräfte der **hellen** und der **dunklen** Welt für eine Seite zu entscheiden, anstatt beide anzunehmen und zu leben. Und dennoch gelingt ihm in diesem Stadium seiner Entwicklung fern von Demian die allmähliche Entgrenzung seiner zuvor starren Persönlichkeit: seine gemalten Ich-Entwürfe und sein Umgang mit Pistorius zeigen ihn als einen sich Wandelnden, der bereit ist sich den grenzüberschreitenden Erfahrungen einer auf personale Ganzheit gerichteten Individuation zu öffnen.

Die dritte Phase beginnt nach Sinclairs Trennung von Pistorius an jenem Punkt seiner Entwicklung, an dem er bereit ist zur Selbstbegegnung im Bilde und in der Gestalt Frau Evas. Sie, die ihm als Mutter und Geliebte zugleich erscheint, verkörpert ihm das gelebte Ideal im Zeichen der Synthese: **Wonne und Grauen, Mann und Weib gemischt, Heiligstes und Gräßliches ineinander verflochten, tiefe Schuld durch zarteste Unschuld zuckend – so war mein Liebestraumbild** […] (111–112).

Die drei Entwicklungsphasen sind nicht nur biografisch-chronologisch verknüpft, sondern auch kausal miteinander zu einer nicht umkehrbaren Folge verbunden, denn an jedem Wendepunkt seiner inneren Geschichte ist Emil Sinclair an seinem vorläufigen Entwicklungsziel, der Einsicht in die dichotomische Struktur der Wirklichkeit und ihrer Aufhebung in der Synthese der disparaten Ich-Strebungen, einen Schritt näher gekommen. Diese zielgerichtete Handlung ist sowohl kausal durch die psychische Struktur des Helden als auch final durch die Ausrichtung des Erzählprozesses auf ein Entwicklungsziel determiniert. So werden selbst jene Ereignisse, die auf der Ebene der äußeren Handlung als Zufall erscheinen, auf der Ebene des inneren Geschehens zu notwendigen Bausteinen:

> Eine eigentümliche Zuflucht fand ich damals – durch einen ›Zufall‹, wie man sagt. Es gibt aber solche Zufälle nicht. Wenn der, der etwas notwendig braucht, dies ihm Notwendige findet, so ist es nicht der Zufall, der es ihm gibt, sondern er selbst, sein eigenes Verlangen und Müssen führt ihn hin (115).

Das Ziel des Entwicklungsromans ist erreicht, sobald der Held in der Auseinandersetzung mit der ihn umgebenden Welt Selbstverwirklichung und

Integration in einen übergeordneten Lebenszusammenhang findet. Seine Entwicklung führt somit lediglich an die Schwelle eines ›neuen Lebens‹: Die individuell konkrete Ausfüllung der neuen Lebensmöglichkeit bleibt ausgespart. In seiner Zugehörigkeit zu den um Frau Eva gescharten Auserwählten und in seiner Teilnahme am Weltkrieg glaubt Sinclair dem **Schicksal** zu dienen, den Zusammenbruch der alten Welt und das Herannahen einer neuen aktiv mitzuerleben. Für ihn wird der Ausbruch des Krieges letztlich zum Sinnbild seiner Selbstbefreiung und Selbstfindung. Seine Lösung von den **Führern,** seine Rücknahme des **Seelenbildes** als Zeichen der gelungenen Individuation spricht sich im Bild des über den Spiegel sich Neigenden am Schluss des Romans aus.

Obwohl HESSES *DEMIAN* durch seinen biografisch-chronologischen Aufbau und seinen erzählenden und reflektierenden zentralen Helden fest in der Tradition des Entwicklungsromans verankert erscheint, trägt er als moderner Roman des frühen 20. Jahrhunderts, einer Zeit, in der die überlieferte Romanform brüchig und das selbstverständliche Erzählen fragwürdig wurde, Spuren der Dekomposition. Während auf der psychischen Ebene die dichotomische Wirklichkeitserfahrung, Entfremdung und Schwinden der Subjektgrenzen den Zerfall der Ich-Einheit signalisieren, realisiert sich die Veränderung der Romanform vornehmlich im Umschlag von äußerer in innere Handlung. Die durchgängige Dominanz der inneren Handlung lässt die Relikte des äußeren Geschehens nicht selten wie Versatzstücke des traditionellen Entwicklungsromans erscheinen. Zwar bietet auch im *DEMIAN* die Biografie des Helden, seine Kindheit und Schulzeit, Pubertät, Studienjahre und Beginn des Kriegsdienstes ein räumliches und zeitliches Ordnungsgefüge, jedoch gilt das Erzählinteresse fast ausschließlich der inneren Entwicklung, äußeres Geschehen wird daneben zur Kulisse. Entsprechend herrschen Gespräche und Reflexionen vor, in denen das Individuum seine Erfahrungen kommentiert und deutet. Gleichzeitig charakterisieren die Gespräche die jeweiligen Gesprächspartner in ihrem Denken und ihren Absichten und bereiten so den weiteren Handlungsverlauf vor.

Andere Menschen, im traditionellen Entwicklungsroman als Kontrast- oder Parallelfiguren, Vorbilder oder Mahner dem Helden beigegeben, treten im *DEMIAN* als **Seelenbilder** in Erscheinung, Spiegelungen des Ich, die seine psychische Entwicklung versinnbildlichen. Dieses Ich, im traditionellen Entwicklungsroman angelegt auf die harmonische Entfaltung eines konsistenten Persönlichkeitskerns hin, wird in HESSES Roman begriffen als **der einmalige, ganz besondere, in jedem Fall wichtige und merkwürdige Punkt, wo die Erscheinungen der Welt sich kreuzen, nur einmal so und nie wieder** (7–8). Diese gegenüber dem traditionellen Entwicklungsroman grundlegend veränderte Konzeption des Individuums lässt ahnen, mit welchen Gestaltproblemen sich der moderne Entwicklungsroman, der die Selbstfindung eines Subjekts schildert, dessen Ich-Einheit nicht mehr fraglos gegeben ist, konfrontiert sieht.

1.5.2 Gegensatz als Strukturelement

Die dichotomische Struktur der Romanwirklichkeit prägt auch die formale Gestaltung des *DEMIAN*. Während im traditionellen Entwicklungsroman die Entgegensetzung von Held und Umwelt den Konflikt trägt, bauen sich hier die polaren Spannungen im Innern des Helden selber auf und bestimmen zugleich seine Wahrnehmung der äußeren Wirklichkeit. Der **Riss**, der die fraglose Einheit der Menschen und Dinge zerstört, geht durch beide Welten hindurch. So wird das in sich gespaltene Subjekt zugleich der zuvor vertrauten Realität entfremdet: [...] **ich drückte mich auf Umwegen durch die Gassen einer veränderten Stadt, unter nie gesehenen Wolken hin, an Häusern vorbei, die mich ansahen, und an Menschen, die Verdacht auf mich hatten** (28). Das Strukturprinzip dieses Romans wird hier bereits sichtbar: Der handlungstragende Konflikt zwischen dem Helden und der Umwelt wird ersetzt durch die Polarisierung, die sich in Sinclairs Psyche vollzieht. Im Helden selber widerstreiten die gezähmten, sozial nützlichen, moralischen Regungen und das ungebändigte, leidenschaftliche, lebensunmittelbare Verlangen. So sind die Erlebnisse, die ihn prägen, sind glückliche und unheilvolle Erfahrungen keine entwicklungsbestimmenden Wendepunkte mehr wie im traditionellen Entwicklungsroman. Der Eintritt in eine neue Entwicklungsphase macht lediglich deutlich, dass Sinclair seinen Konflikt jeweils auf einer höheren Ebene austrägt, sich öffnet und die Fülle seiner inneren Möglichkeiten immer umfassender entfaltet. So folgt auf die diffusen Eindrücke der Kindheit der schmerzhafte Zusammenstoß mit der **dunklen** Welt in der Gestalt Franz Kromers, auf die **Ahnung und Möglichkeit, ganz unten im Gefühl** (12) der Schritt in **Abenteuer und Sünde** (21).

In jede neue faszinierende Erfahrung mischt sich jedoch zugleich die Angst, jedes Wagnis lässt sogleich den Wunsch nach Flucht lebendig werden. Ebenso trägt jedes schmerzliche Erlebnis zugleich den Keim der Wandlung in sich: **Zum erstenmal kostete ich den Tod, und der Tod schmeckt bitter, denn er ist Geburt, ist Angst und Bangnis vor furchtbarer Neuerung** (24). Auch jede Glück verheißende Stunde wie etwa die erste Begegnung mit Frau Eva weist zugleich über sich hinaus, trägt Abschied in sich.

Jede Szene lebt aus ihrer immanent gegensätzlichen Struktur und gewinnt so eine Eigenständigkeit, die den Geschehnissen des traditionellen Entwicklungsromans nicht eigen ist. Jede Szene spiegelt potenziell Sinclairs Lebenskonflikt unter je eigener Beleuchtung und Perspektive wider, ihre dramatische Spannung gewinnt sie sehr oft aus dem Dialog Sinclairs mit seinem Gegenpart. Während in Sinclair selber gegensätzliche Gefühlsregungen und Überzeugungen widerstreiten, potenziert sich der innere Konflikt in der Auseinandersetzung mit dem Gegenüber. Sowohl Demian als auch Pistorius und Frau Eva, um nur die wichtigsten Einflussfiguren zu nennen, sind Sinclair einerseits in ihrer Wesensart verwandt und konfrontieren ihn andererseits mit alternativen Lebensanschauungen, die ihn herausfordern und ihm Entscheidungen abverlangen, weil sie einem verborgenen Teil seiner selbst Stimme und Gewicht verleihen. Verbunden sind diese relativ autonomen Szenen durch den lockeren Faden der Lebensgeschichte. Äußere Wendepunkte wie etwa Sinclairs Abkehr vom Säufer- und Kneipenleben nach der Begegnung mit Beatrice zeigen eine Verlagerung des inneren Konflikts an: Der Rebell gibt seinem verborgenen Ich tastend Ausdruck.

Die ambivalente Struktur, die den Episoden eigen ist, bestimmt auch die Figurenkonstellationen. Da jede Figurenbegegnung eine latente psychische Möglichkeit Emil Sinclairs realisiert, verbinden sich die gegensätzlichen Impulse stets zu einer mehrschichtigen Erfahrung. Die Abhängigkeit von Franz Kromer wird zwar als peinigende Qual erlebt, jedoch flammt inmitten der Verzweiflung das Gefühl der eigenen Überlegenheit auf, entzieht sich der Heranwachsende für einen Augenblick der Übermacht des Elternhauses. Die Begegnungen mit Demian sind durchgängig geprägt von Bewunderung und Angst, Anziehung und **innerem Widerstreben**. Selbst der vorübergehende Umgang mit seinem Mitschüler Knauer, der ihm lästig ist und ihn langweilt, öffnet ihm hin und wieder neue Wege, gibt ihm Denkanstöße, die ihn seinem Ziel ein Stück näher bringen. Pistorius schließlich, seinem Freund und Führer, der ihn mit Abraxas bekannt gemacht hat, der ihn die notwendige Entgrenzung des Ich gelehrt hat, begegnet Sinclair mit derselben Skepsis, die er jeder Lehre entgegenbringt. Auch ihn muss er **überschreiten und verlassen** (147).

In der Begegnung mit Frau Eva erfährt Sinclair die Einheit der Gegensätze. Traten in seinem früheren Umgang mit anderen Menschen stets aufbauende und zerstörerische Momente miteinander in Widerstreit, so gelangen in der Kommunikation mit Frau Eva die Gegensätze zur Synthese:

> Das war mein Traumbild! Das war sie, die große, fast männliche Frauenfigur, ihrem Sohne ähnlich, mit Zügen von Mütterlichkeit, Zügen von Strenge, Zügen von tiefer Leidenschaft, schön und verlockend, schön und unnahbar, Dämon und Mutter, Schicksal und Geliebte (153–154).

Der Umgang mit ihr wird für Sinclair immer mehr zur Selbstbegegnung; unter ihrem Einfluss erfährt er die Polaritäten als einander durchdringende Kräfte, wird er, obgleich von ihr geleitet, in die Selbstständigkeit entlassen:

> Manchmal glaubte ich bestimmt zu fühlen, daß es nicht ihre Person sei,
> nach der mein Wesen hingezogen strebte, sondern sie sei nur ein Sinnbild
> meines Innern und wollte mich nur tiefer in mich selbst hinein führen
> (176).

Dualismus als Grundprinzip der Seinsentwicklung bestimmt das Weltbild
der Gnosis, deren Spuren in Hesses Roman allenthalben begegnen. Bereits
im ersten Gespräch zwischen Sinclair und Demian wird auf die Kainiten-
Sekte angespielt, die, ebenfalls gnostischer Herkunft, die Trennung von Gut
und Böse aufzuheben und Entwicklung als ein Durchleben aller menschlichen Regungen zu begreifen sucht. Die Gnostiker selber gehen von der
Fesselung des göttlichen Lichtfunkens in der Materie aus: Das Lichtwesen
als gute Gottheit und der Schöpfer des materiellen Kosmos als böser Herr-
scher stehen einander diametral entgegen. Der Mensch hat als geistiges und
materielles Wesen an beiden Bereichen teil und erstrebt die Überwindung
der Gegensätze durch Rückkehr des Lichts zu seinem Ursprung.

Auch Emil Sinclairs Individuation folgt diesem Muster gnostischer Er-
kenntnis: Über die Wahrnehmung der eigenen Gegensätzlichkeit und ihre
Bejahung gelangt er zu ihrer Überwindung. Dieses Ziel, die individuellen
Lebenskonflikte des einzelnen Menschen mit der Seinsproblematik der ge-
samten Menschheit zu verbinden, setzt sich neben der Religion ebenso die
Psychologie. So artikuliert sich etwa in C. G. Jungs Begriff des **kollektiven
Unbewussten** dieser Zusammenhang von Individuum und Allgemeinem.
Auch Jungs Forderung, die Fülle aller menschlichen Möglichkeiten im ein-
zelnen Selbst zuzulassen, entspricht der im gnostischen Weltbild zentralen
Forderung nach Überwindung der Gegensätze sowohl im einzelnen Indivi-
duum wie in der gesamten Menschheit.

Die gnostische Gottheit Abraxas erscheint im Roman der Gestalt Max
Demians zugeordnet. Demian verweist Sinclair auf die Gottesgestalt, nachdem er das Sperberbild erhalten hat; auf seiner Suche nach Abraxas erfährt
Sinclair durch die Lehren des Pistorius seine eigene innere Vielfalt, seine
Teilhabe am Lebensprozess. So nähert er sich seinem Ziel, Demian immer
ähnlicher zu werden, seine Vollkommenheit zu erlangen. Grundzüge des
Gottes Abraxas werden auch der Gestalt Demians zugeschrieben: Vorsicht,
harmonisches Gleichgewicht von Vernunft und Gefühl, beherrschte Kör-
perkraft.[43] Zugleich stellt sich durch die verblüffenden Übereinstimmun-
gen zwischen den Abraxas-Illustrationen und Sinclairs Sperberbild eine
gedankliche und sinnfällige Verbindung zwischen beiden her: Spätantike
Abraxas-Gemmen zeigen die Gottheit als menschenähnliche Gestalt mit
einem Hahnenkopf, gekleidet in ein rockähnliches Gewand, unter dem
zwei Schlangen anstelle der Beine sichtbar werden. Die kraftvolle Gebärde
des aufrecht thronenden Gottes lässt an den Kampf des Sperbers denken,

die ovale Form der Gemme an das Ei, das im Bild des Weltuntergangs zum Sinnbild des Weltganzen gesteigert wird.

Durch die Assoziationen, die das Sperberbild und Abraxas verbinden, wird die gnostische Gottheit zum Sinnbild einer verinnerlichten Selbstschöpfung; der Gott im Menschen, Bild seines vollkommenen Selbst, wird für Sinclair zum Ziel seiner Individuation. Wieder berühren sich – wie so oft in diesem Roman – Religion und Psychologie in *einem* Punkt. Das religiöse Gewand, in das sich der Roman kleidet, verleiht ihm einen doppelten Sinn, der sich dem Leser im Lesevorgang zweifellos spontan mitteilt, der jedoch vom Interpreten ausdrücklich ans Licht gehoben werden soll. Die biblischen Anspielungen in den Kapitelüberschriften: **Kain, Der Schächer** und **Jakobs Kampf** unterlegen der individuellen Lebensgeschichte einen übergreifenden Sinn: In Emil Sinclairs Ich-Suche soll menschliche Selbstfindung überhaupt zur Anschauung kommen. **Frau Eva,** die Mutter des Menschengeschlechts, wird auch für Sinclair zum Ursprung und Ziel seiner Sehnsucht, wird ihm Mutter und Geliebte und – hier verbinden sich religiöse Sinngebung und psychologische Deutung aufs Engste – zugleich zum **Sinnbild meines Innern** (176). Ob gnostisches Gedankengut unterlegt wird oder christliche Anspielungen nicht nur in den Kapitelüberschriften, sondern auch in Sinclairs Sprache, seinen Vergleichen und Bildern einfließen: Nirgends konstituieren diese Verweise eine eigenständige religiöse Sinnschicht, sondern sie verleihen der Lebensgeschichte eines Einzelnen die universelle Bedeutung der Menschwerdung. Religiöse Einkleidung und psychologische Erhellung dienen so demselben Ziel:

> Was damals Theologie war, ist für uns Heutige mehr Psychologie, aber die Wahrheiten sind dieselben […] Die Mythen der Bibel, wie alle Mythen der Menschheit sind für uns wertlos, solange wir sie nicht persönlich und für uns und unsere Zeit zu deuten wagen. Dann aber können sie uns sehr wichtig werden.[44]

1.5.3 Die Sprache

Ein Blick auf den Beginn des 1. Kapitels, das den programmatischen Titel **Zwei Welten** trägt, zeigt, dass Sinclairs dichotomische Grunderfahrung nicht nur die Handlungsstruktur und die Figurenkonstellation prägt, sondern auch in die Sprache des Romans eingeht:

> Viel duftet mir da entgegen und rührt mich von innen mit Weh und mit wohligen Schauern an, dunkle Gassen und helle Häuser und Türme, Uhrschläge und Menschengesichter, Stuben voll Wohnlichkeit und warmem Behagen, Stuben voll Geheimnis und tiefer Gespensterfurcht […] Zwei Welten liefen dort durcheinander, von zwei Polen her kamen Tag und Nacht (9).

Die einfachen Gegensätze von **hell** und **dunkel, Tag** und **Nacht,** die zunächst bloße Sinneswahrnehmungen bezeichnen, werden durch ihre schroffe Gegenüberstellung und durch ihre Einbettung in einen emotionalen Kontext mit Bedeutung aufgeladen. **Weh** und **wohlige Schauer** lösen die Eindrücke in dem Knaben Emil Sinclair aus; **Wohnlichkeit** und **warmes Behagen** umfangen ihn und zugleich **Geheimnis** und tiefe **Gespensterfurcht.** Diesen gegensätzlichen, sinnlichen und emotionalen Wahrnehmungen entspricht das Bewusstsein einer moralisch-sittlichen Spaltung der Welt in **Gut** und **Böse.** Die **lichte Vater-** und **Mutterwelt** steht in ihrer Pflichterfüllung, ihrer Ordnung und ihrer Frömmigkeit der **dunklen Welt** der Leidenschaften, Abenteuer und Geheimnisse diametral entgegen. **Milder Glanz, Licht** und **Helle** erleuchtet die erlaubte Welt der Gesetzeserfüllung, **düster, dunkel** und **finster** droht die Gegenwelt der Verfehlungen und Grenzüberschreitungen. Die Gegensätze werden durch Bildhäufungen und sprachliche Doppelungen oftmals pathetisch gesteigert:

> **Aber das alles gehörte mir jetzt nicht mehr, das alles war lichte Vater- und Mutterwelt, und ich war tief und schuldvoll in die fremde Flut versunken, in Abenteuer und Sünde verstrickt, vom Feind bedroht und von Gefahren, Angst und Schande erwartet [...] Dies alles war nicht mehr mein, ich konnte an seiner Heiterkeit und Stille nicht teilhaben** (21).

Der Versuch, eine neue aufrüttelnde Erfahrung im Gewand der vertrauten poetischen Sprache mitzuteilen, führt zur Ausdruckshäufung. So wird etwa Sinclairs Umgang mit Kromer in verschiedene Bilder gefasst: **in die fremde Flut versunken, in Abenteuer und Sünde verstrickt, nun hielt der Teufel meine Hand** (21–22) und zugleich durch die sprachliche Doppelung jedes Bildes nochmals differenziert und intensiviert. Die Wortfelder der verwendeten Bilder und Begriffe liegen nahe beieinander, ihre Konnotationen überschneiden sich vielfach. **Tief** und **schuldvoll** suggerieren die Unentrinnbarkeit der Verstrickung, **Abenteuer** und **Sünde** messen gleichsam mehrdimensional den Raum der Verfehlungen aus, signalisieren zugleich Faszination und Angst, Selbstbestimmung und Fremdbestimmung, während **Angst** und **Schande** die inneren und äußeren Folgen der Übertretungen benennen. Während so einerseits eine gedankliche Differenzierung und Präzisierung angestrebt wird, die zugleich ihren möglichst genauen sprachlichen Ausdruck sucht, erzeugt die sprachliche Redundanz andererseits eine emotionale Intensität, die den Leser in ihren Bann schlägt. Beide Wirkungen sind im *DEMIAN,* in dem psychologische Erhellung und emotionaler Appell verschmelzen, kaum zu trennen.

Entgegensetzungen und Doppelungen erfahren durch die Mittel des rhetorischen Pathos wie Anaphern und Parallelismen eine weitere Steigerung:

Das war mein Traumbild! Das war sie, die große, fast männliche Frauenfigur, ihrem Sohne ähnlich, mit Zügen von Mütterlichkeit, Zügen von Strenge, Zügen von tiefer Leidenschaft, schön und verlockend, schön und unnahbar, Dämon und Mutter, Schicksal und Geliebte. Das war sie! (129–130).

Der Sprachakt wird hier gleichsam liturgisch zelebriert, die Intensität der Impression dominiert. Das sprachliche Pathos erzeugt eine emotionale Unmittelbarkeit, die die Identifikation des Lesers mit der Zentralgestalt Emil Sinclair, die im Vorspann bereits angelegt ist und durch die Erzählperspektive und die Innenwendung des Erzählens unterstützt wird, lebendig hält.

Trotz ihrer spannungsvollen Fügung und ihres wirkungssteigernden Pathos bringt die dichterische Sprache im *DEMIAN* jedoch kaum anschauliche Bilder hervor wie in HESSES frühen Romanen und Erzählungen. Der Ausdruckswille konzentriert sich vielmehr auf die Durchleuchtung innerer Prozesse und ihrer Vermittlung an den sich identifizierenden Leser. Selbst scheinbar konkrete Sprachbilder gewinnen keinerlei sinnliche Präsenz:

> Ich faßte keine Entschlüsse, tat kein Gelübde – ich war an ein Ziel gekommen, an eine hohe Wegstelle, von wo aus der weitere Weg sich weit und herrlich zeigte, Ländern der Verheißung entgegenstrebend, überschattet von Baumwipfeln nahen Glückes, gekühlt von nahen Gärten jeder Lust (165).

HESSES Bemühen um eine poetische Sprache, die den durch die Psychoanalyse gewonnenen Erkenntnissen und neuen Erfahrungen Ausdruck verleiht, muss im Kontext der Sprachkrise der Jahrhundertwende gesehen werden. Verbrauchte Metaphern und entleerte Sprachhülsen haben die zur Konvention erstarrte Literatursprache ihrer Aussagekraft beraubt. In bewusster poetischer Stilisierung versucht HESSE nun die verlorene Intensität wiederzugewinnen. Zugleich entwickelt er in Bildkomplexen wie dem des sich aus dem Ei befreienden Sperbers eine neue ›psychoanalytische‹ Symbolsprache. Das Sperberbild formt sich aus Träumen und Erinnerungen, Assoziationen und angelagerten Deutungen zum Sinnbild des sich selbst befreienden Individuums, während es in Sinclairs Kriegsvisionen zum Bild der sich erneuernden Menschheit gesteigert wird. Wie in der Psychologie C. G. Jungs die traumhaften, halbbewussten Bilder und ihre Assoziationen ins Bewusstsein gehoben und so dem Verstand zugänglich gemacht werden, formt auch das dichterische Verfahren aus traumhaften Eindrücken ein Sinnbild, das sich nach und nach im Roman mit Bedeutung auflädt, bis es in der expliziten Deutung zur Orientierungshilfe werden kann. Wie in der therapeutischen Arbeit die dem Bewusstsein vermittelten Einsichten als akzeptierte Komponenten dem neuen erweiterten Selbst integriert werden, so übernimmt in der dichterischen Bildersprache die in ihrer Bedeutung entfaltete Metapher die zentrale Rolle im Prozess der Selbstverständigung des Individuums. Das Sperberbild und ähnlich die Porträtbilder fungieren als Präfiguration der Ich-Synthese.

Beinahe leitmotivisch taucht das Sperberbild immer dann im Roman auf, wenn sich eine wichtige Erfahrung in Sinclairs Leben ankündigt: in seinem ersten Gespräch mit Demian (34), in seinem gemalten Bild, das Demian ihm deutet (104–105, 107), in seinen Meditationen vor dem Kaminfeuer in Pistorius' Studierstube (163), in Frau Evas Haus vor ihrer ersten Begegnung (121) und schließlich in den Wolkenformationen des Gewitterhimmels als Vorbote des nahenden Krieges, in dem sich Sinclairs **Schicksal** erfüllen soll (180). Dieses Bild, in dem der Gegensatz von Zerstörung und neuem Leben sinnbildlich aufgehoben ist, begleitet Emil Sinclairs Weg durch die schmerzhafte Erfahrung der Polaritäten bis hin zur Selbstannahme und Selbstbefreiung: **Der Vogel kämpft sich aus dem Ei. Das Ei ist die Welt. Wer geboren werden will, muß eine Welt zerstören** (107).

1.5.4 Innenwelt – Außenwelt

Wie im Traum unterlag ich seiner Stimme, seinem Einfluß. Ich nickte nur. Sprach da nicht eine Stimme, die nur aus mir selber kommen konnte? Die alles wußte? Die alles besser, klarer wußte als ich selber? (47).

Immer wieder begegnen in HESSES Roman DEMIAN Hinweise und Fingerzeige, die die Aufmerksamkeit des Lesers von der Ebene des vordergründigen Handlungszusammenhanges weiterlenken auf den innerseelischen Schauplatz, als öffnete sich für Augenblicke der Vorhang vor der Bühne des Seelenschauspiels und gäbe den Blick frei auf die psychische Aktion, die der Roman präsentiert. Die Eigenart des psychologischen Erzählens, das HESSE im DEMIAN zu einem überzeugenden literarischen Ausdrucksmittel formt, liegt in der gleichzeitigen Gestaltung zweier Wirklichkeitsbereiche, die einander durchdringen und erhellen. Sowohl die in der Tradition des deutschen Entwicklungsromans gestaltete Lebensgeschichte Emil Sinclairs als auch das innerpsychische Drama eines zu sich selber erwachenden Subjekts werden konsistent entfaltet; dem Leser fällt die Aufgabe zu zwischen den beiden möglichen Lesarten zu vermitteln oder sich für eine Lesart zu entscheiden.

Auf der Ebene der äußeren Wirklichkeitsdarstellung schildert der Roman die Lebensgeschichte Emil Sinclairs, seine Kindheitserfahrungen, seine Begegnungen mit anderen Menschen, deren Einfluss ihn prägt, seine schließliche Selbstbefreiung und Selbstverwirklichung in der Begegnung mit Frau Eva und der Erfüllung seines Schicksals durch die Teilnahme am Kriegsgeschehen. Diese Lebensgeschichte wird durchgängig motiviert, im zeitlichen und räumlichen Raster der Biografie fest verankert und in der Interaktion von Held und Nebenfiguren spannungsvoll entfaltet.

Zugleich jedoch setzt der Text selbst immer wieder Signale, die auf eine zweite, ebenso konsistente Lesart dieser Lebensgeschichte verweisen: auf die Verlagerung des gesamten Romangeschehens auf den Innenschauplatz der Psyche. Einer solchen Deutung bietet sich der Handlungskonflikt als Auseinandersetzung des bewussten Ich in der Gestalt Emil Sinclairs mit den abgespaltenen, verleugneten, unentwickelten potenziellen Möglichkeiten des ganzheitlichen Ich dar.

Die Nebenfiguren werden so zu Aspekten des sich entfaltenden Ich, denen es begegnen und mit denen es sich auseinander setzen muss. Die psychische Entwicklung, die sich scheinbar im Wechselspiel von Einfluss und Resonanz vollzieht, enthüllt sich als Oszillieren ambivalenter innerer Impulse. Während die Anstöße zur Selbstbegegnung und Selbstentgrenzung auf der ›realen‹ Ebene von *außen* kommen, entstehen sie auf der psychischen Ebene im Innern des Subjekts. In der Vermittlung der innerseelischen Ebene mit der erzählten Wirklichkeitsebene werden diese Innenkräfte nach außen projiziert und können dem sich entfaltenden Individuum als Außenkräfte entgegentreten. Die Polarisierung geschieht so nicht mehr zwischen dem Helden und der ihn umgebenden Umwelt wie im traditionellen Entwicklungsroman, sondern im Subjekt selbst.

Entsprechend kommt den Innenschauplätzen im Roman die tragende Bedeutung zu, während die Außenschauplätze beinahe belanglos werden. So ist Franz Kromers bedrohliche Welt für den zur Erfahrung seiner vielfältigen gegensätzlichen Möglichkeiten erwachenden Knaben ein Schauplatz innerer Kämpfe, die äußeren Begebenheiten geben dagegen bloß den Rahmen für die psychischen Prozesse ab. So erfährt das sich selbst durch den Einbruch der **dunklen** Welt entfremdete Subjekt die vertraute Umgebung als fremd und bedrohlich, der von der Angst Befreite kehrt dagegen in das **verlorene Paradies** des Elternhauses zurück. Die Selektion der Schauplätze richtet sich nach den Figurenbegegnungen, in denen die Entgrenzung des Ich geschieht, der äußeren Kulisse selbst kommt jedoch keine tragende Bedeutung zu.

Entsprechend gewinnen die Schauplätze nur vage Konturen und sind beinahe austauschbar. Die Kleinstadt, in der Emil Sinclair aufwächst, gewinnt als biografischer Hintergrund kaum atmosphärische Bedeutung: der Markt, die **Strohgasse**, die **Seilergasse,** die Brücke über den Fluss, der **Burgplatz**, von Kastanienbäumen umstanden, sind nur Versatzstücke einer blassen Kulisse. Das Gymnasium in St., das Sinclair nach seiner Konfirmation besucht, wird nur flüchtig erwähnt, ebenso die Parks und Alleen, die Vorstadtkneipen und die Vorstadtkirche, in der Pistorius die Orgel spielt. Zürich und Innsbruck, Stationen auf Sinclairs rastloser Reise auf der Suche nach Frau Eva, bleiben bloße Namen; außer einer vagen landschaftlichen

Lokalisierung kommt ihnen keine Aufgabe zu. Auch Sinclairs Studienort H., in dem er Demian wieder trifft und Frau Eva begegnet, gewinnt seine Bedeutung allein als Ort der inneren Erfahrung.

Dieser gewollten Ortlosigkeit des Erzählten entspricht seine Zeitlosigkeit. Zwar lässt sich aus den kargen Zeitangaben ein Handlungszeitraum von neun bis zehn Jahren rekonstruieren, jedoch legt der Ich-Erzähler selbst keinen Wert auf eine genaue zeitliche Fixierung. Wenige konkrete Altersangaben erlauben eine ungefähre Chronologie: Mit zehn Jahren begegnet Sinclair seinem Widersacher Franz Kromer, mit sechzehn Jahren führt er in St. ein liederliches Kneipenleben, mit achtzehn Jahren trifft er Pistorius; ungefähr zwei Jahre später zieht er als Soldat ins Feld. Die sonstigen Zeitangaben dienen entweder der Zeitraffung: **Es kamen die Jahre [...]** (57); **Es waren seit der Geschichte mit Kromer mehrere Jahre vergangen** (58); **Erst als ich mehrere Jahre älter war** (61) – oder dem atmosphärischen Kolorit: **An jenem Frühlingstag im Park begegnete mir eine junge Dame, die mich sehr anzog** (93); **Die Sommerwochen vergingen schnell und leicht** (184); **Es war schon beinahe Winter, als ich ins Feld kam** (189).

Ebenso wird die einzige konkrete historische Fixierung, der Ausbruch des Ersten Weltkriegs, durch die Innenwendung des Erzählens bis auf eine atmosphärisch vermittelte ›Zeitstimmung‹ aufgehoben. Weit davon entfernt, nach den politischen und sozialen Ursachen des Krieges zu fragen, deutet Sinclair dieses den Rahmen der individuellen Biografie sprengende Ereignis zum Sinnbild seiner Selbstbefreiung um. Hierin findet die gewollte Zeitlosigkeit des Romans ihre Begründung: Der Prozess der Selbstwerdung, dem die ungeteilte Aufmerksamkeit des Erzählers gilt, wird beispielhaft am Schicksal Emil Sinclairs vorgeführt; die geringe charakterliche Fixierung des Helden und die Stilisierung seines Alter Ego Demian und sämtlicher Nebenfiguren tragen ebenso wie die vage räumliche und zeitliche Ausgestaltung zur Übertragbarkeit des Lebensmodells bei. Die Nebenfiguren werden oftmals bewusst auf ihre bloße Funktion als **Vater, Mutter, Schwestern** reduziert, ihre Namenlosigkeit verwehrt ihnen jegliche Eigenbedeutung.

> Die Menschen des *DEMIAN* sind nicht mehr noch weniger ›wirklich‹ als die meiner anderen Bücher. Ich habe nie Menschen nach dem Leben gezeichnet. Zwar kann ein Dichter auch das tun, und es kann sehr schön sein. Aber im wesentlichen ist ja Dichtung nicht ein Abschreiben des Lebens, sondern ein Verdichten, ein Zusammensehen und Zusammenfassen des Gültigen [...] Der *DEMIAN* handelt von einer ganz bestimmten Aufgabe und Not der Jugend, welche freilich mit der Jugend nicht aufhört, aber doch sie am meisten angeht. Es ist der Kampf um die Individualisierung, um das Entstehen einer Persönlichkeit.[45]

Der Dominanz der inneren Wirklichkeit entspricht die Entgrenzung des Subjekts. Während sich das Individuum auf andere Lebewesen hin öffnet, in denen es sich erfährt und an denen es teilhat, gehen äußere und innere Handlung ineinander über. Jede äußere Veränderung geschieht als Ausdruck innerer Wandlung, jeder ›Zufall‹ entspricht einer inneren Notwendigkeit. Sinclair, den die Verlockungen des Verbotenen faszinieren, wird in die Affäre mit Franz Kromer verwickelt; dem Knaben, der an den Normen und Werten des Elternhauses zu rütteln beginnt, begegnet Max Demian, der seine Zweifel nährt und seine dichotomische Welterfahrung teilt. Dem zur Ich-Entgrenzung bereiten jungen Mann weist Pistorius den Weg zur erweiterten Ich-Erfahrung und erst der zur Selbstannahme fähige Sinclair wird von Frau Eva angenommen.

Ein Seitenblick auf eine scheinbar nebensächliche Episode des Romans zeigt, wie die innere Konstellation durchgängig die äußere Handlung absorbiert: Nachdem Sinclair ein Foto Frau Evas gesehen und sie als das Urbild seiner Traumvision erkannt hat, macht er sich auf die Reise um sie zu finden. Jedoch sein Versuch, der inneren Wandlung vorzugreifen, in aktivem eigenem Bemühen eine Begegnung zu erzwingen, für die er innerlich noch nicht gerüstet ist, muss scheitern. Mit dieser Erfahrung reiht sich Sinclair ein in die Schar der Helden des traditionellen Entwicklungsromans, die selbst wenig Handlungsinitiative entfalten, sondern auf Impulse reagieren. Nur wen das Schicksal zieht, wer sich von ihm formen lässt, kann **ganz er selbst** werden (171).

Ich wollte ja nichts als das zu leben versuchen, was von selber aus mir heraus wollte (7), dieses Motto des Romans benennt zugleich das Formprinzip der Erzählung: Die Impulse, die den Helden treiben, sind hier nicht äußere Anstöße, sondern die Kräfte seines Innern; ihnen zu folgen bedeutet Selbstwerdung. Die innere Handlung bringt so die äußere hervor. Die Dominanz der inneren Handlung, die fließenden Übergänge zwischen Ich und Nicht-Ich und die Identifikation der Nebenfiguren als **Seelenbilder** Emil Sinclairs legen die Interpretation des gesamten Romans als innerpsychisches Drama nahe. Mit gleicher Berechtigung behauptet sich daneben die Interpretation der Erzählung als reale Lebensgeschichte. Gemeinsam ist beiden Lesarten jedoch das Bewusstsein der Grenzdurchlässigkeit: **Nichts ist außen, nichts ist innen, denn was außen ist, ist innen.**[46] Mit seiner Technik des psychologischen Erzählens, das Hermann Hesse in seinem Roman *Demian* ebenso wie in der etwa gleichzeitig entstandenen Novelle *Klein und Wagner* entwickelt, leistet er seinen Beitrag zur Gestaltung des modernen Romans im 20. Jahrhundert. Wie ein Blick auf die deutsche Literatur der Zeit zeigt, gerät das konsistente Erzählen als Folge des Wirklichkeitsverlustes und des Ich-Zerfalls in eine tief greifende Krise. Wichtigster

Katalysator dieser Krise wurde der Erste Weltkrieg, der die völlige Bedeutungslosigkeit des humanistischen Persönlichkeitsideals angesichts der verheerenden Zerstörung des Menschen durch den Menschen demonstrierte. Der Versuch, neue epische Schreibweisen zu entwickeln, führte etwa bei Heinrich Mann, Alfred Döblin und Carl Einstein zum engagierten Gesellschaftsroman, zum Großstadtroman und zum experimentellen Roman. Begleitet wurden diese Experimente von grundsätzlichen Reflexionen über die weltanschaulichen und ästhetischen Bedingungen des künstlerischen Schaffens. In essayistischer Form oder als eingestreuter Kommentar erscheinen diese Überlegungen auch in den Romanen selbst, so etwa in Thomas Manns ZAUBERBERG, Robert Musils MANN OHNE EIGENSCHAFTEN und Otto Flakes STADT DES HIRNS. Dass vor allem der deutsche Bildungs- und Entwicklungsroman in der Diskussion um den Zerfall des traditionellen Romans ins Kreuzfeuer der Kritik gerät, liegt an seinem bis ins 20. Jahrhundert hinein wirksamen normsetzenden Vermögen. Folglich setzen die Bemühungen zur Rettung des Romans ebenso beim Bildungsroman an, indem sie ihn den veränderten Ausdrucksbedürfnissen entsprechend umzuformen versuchen und, wie etwa bei HERMANN HESSE, in der Innenwendung des Erzählens eine relative erzählerische Stabilität zu erreichen trachten.

1.6 Bedeutung und Funktion der Bilder

Bilder und Träume durchziehen, wie wir sahen, den gesamten Roman und haben wesentlichen Anteil am Aufbau der Bedeutungsstruktur. Am zentralen Bild des Sperbers lässt sich im Einzelnen verfolgen, wie die Ausformung eines Bildes zum Symbol verläuft. In diesem Prozess fügt jede scheinbar beiläufige Erwähnung des Sperbers dem Bildkomplex eine weitere Bedeutungsnuance hinzu und intensiviert auf diese Weise den Verweischarakter des Symbols.

Im ersten persönlichen Gespräch Sinclairs mit Demian macht dieser den jüngeren Mitschüler auf den Wappenvogel über der Haustür des elterlichen Hauses aufmerksam (34). Schon bei dieser ersten Erwähnung prägt sich Sinclair die geheimnisvolle Bedeutsamkeit des nur in Konturen unklar zu erkennenden Schlusssteins ein. Zugleich deutet sich hier bereits eine Verbindung zwischen Sinclair und Demian an, die mit dem Sperberbild in enger Beziehung steht. Diese zunächst nur angedeutete Verknüpfung bestätigt sich, als Sinclair Demian heimlich beim Abzeichnen des Wappens beobachtet (60). Ließen diese ersten Andeutungen zunächst nur die Annahme zu, dass der Sperber für Sinclairs Selbstfindung, an der Max Demian entscheidenden Anteil hat, wichtig sei, so konkretisiert und erweitert sich seine Bedeutung in der zweiten Hälfte des Romans. Als Sinclair sich später einmal, an einem Wendepunkt seines Lebens, an sein erstes Gespräch mit Demian erinnert, vergegenwärtigt er sich zugleich den damaligen Zusammenhang des Gesprächs. Demian hatte Sinclair mit seiner Umdeutung der biblischen Kaingeschichte fasziniert, verunsichert und in seinen kritischen Zweifeln gestärkt. Zugleich wies er ihn auf den, wie wir später erfahren, aus dem Ei sich befreienden Raubvogel hin, der sich aus eigener Kraft emporschwingt. In der folgenden Nacht träumt Sinclair, der mittlerweile durch die Übungen in der Malerei gelernt hat, auf die aus seinem Innern auftauchenden Bilder und Visionen zu achten, jenen Traum, in dem Demian ihn zwingt das sich beständig verwandelnde Wappen zu essen (104). Die Ängste, die dieser Traum in Sinclair wachruft, können nun bereits vom Leser als Widerstände gegen die unbekannte vielfältige Welt der inneren Wirklichkeit, die Demian immer wieder in Sinclair zu erwecken vermag, verstanden werden.

Die Sinnbezüge des Sperberbildes beginnen sich so zu einem Muster zu ordnen. Unmittelbar im Anschluss an diesen Traum und noch unter seinem intensiven Eindruck beginnt Sinclair **aus einem unklaren Bedürfnis** ein Bild des Wappenvogels zu malen. Weder die präzise Erinnerung an das Traumgeschehen noch ein entschlossener Gestaltungswille leiten ihn, sondern ein **traumhaftes Ahnen** (105). Das fertige Bild lässt jene Züge erkennen, die seine Bedeutung für Sinclairs Entwicklung signalisieren: der **scharfe, kühne Sperberkopf** und die **Weltkugel, aus der er sich wie aus einem riesigen Ei heraufarbeitete.** Die explizite Deutung, die das Bild schließlich durch Demian erfährt, fasst lediglich in Worte, was Sinclairs durch den Traum freigesetzte und an ihn anknüpfende Assoziationen im Bild bereits zum Ausdruck brachten.

Die Analogie zur Traumdeutung der analytischen Psychologie C. G. Jungs ist frappierend: Wie bei der **Dechiffrierung eines schwer lesbaren Textes** (Materialien zu *DEMIAN*, 1) wird der Traum durch **Einfälle des Träumers**, frei fließende Assoziationen, die sich mit Vorliebe um einen besonders auffallenden Teil des Traumes, hier den Wappenvogel, herum anlagern, in einen Kontext eingebettet. Erst in einem dritten Schritt der Traumanalyse, der Deutung werden diese Assoziationen auf den Begriff gebracht. Demian wählt für seine Deutung des Bildes Worte, die zugleich erklären und verhüllen. Während in dem Kommentar **Der Vogel kämpft sich aus dem Ei. Das Ei ist die Welt. Wer geboren werden will, muß eine Welt zerstören** die individuelle sowie die exemplarische Bedeutung des Sperberbildes angesprochen wird, weist der rätselhafte Zusatz **Der Vogel fliegt zu Gott. Der Gott heißt Abraxas** Sinclair weiter in seinem Bemühen um die Aufhebung der Gegensätze, die seine Kindheit und Jugend überschattet haben.

Träume, in denen Sinclair dieser neuen Welt, in der die Gegensätze zur Einheit gelangen, nachspürt, werden von nun an für den allmählich zu sich selber Erwachenden immer wichtiger. **Die Träume scheinen unter sich zusammenzuhängen und in tieferem Sinne einem gemeinsamen Ziel untergeordnet zu sein, so daß eine lange Traumserie nicht mehr als ein sinnloses Aneinanderreihen inkohärenter und einmaliger Geschehnisse erscheint, sondern als ein wie in planvollen Stufen verlaufender Entwicklungs- oder Ordnungsprozeß** (Materialien zu *DEMIAN*, 1). Als Anrufung der das Göttliche und Teuflische vereinenden Gottheit Abraxas gelten Sinclair seine Träume und Fantasiespiele, in denen fortan das Bild des Sperbers seinen festen Platz einnimmt wie in jenem **wichtigsten und nachhaltigsten [Traum] meines Lebens:**

> [...] ich kehrte in mein Vaterhaus zurück – über dem Haustor leuchtete der Wappenvogel in Gelb auf blauem Grund – im Haus kam mir meine Mutter entgegen – aber als ich eintrat und sie umarmen wollte, war es nicht sie, sondern eine nie gesehene Gestalt, groß und mächtig, dem Max Demian und meinem gemalten Blatte ähnlich [...] Diese Gestalt zog mich an sich und nahm mich in eine tiefe, schauernde Liebesumarmung auf. Wonne und Grausen waren vermischt, die Umarmung war Gottesdienst und war ebenso Verbrechen (111).

Sinclairs Traum, sein gemaltes Bild und Demians Kommentar konstituieren ein gemeinsames Deutungsmuster. Der Wappenvogel, der fortan ebenso mit der Gestalt der Frau Eva verknüpft erscheint wie mit Sinclairs Kindheit und Elternhaus und mit seinem Alter Ego Max Demian, wird nunmehr für Sinclair immer deutlicher zum Zeichen seiner Selbstbefreiung. Er erblickt ihn während seiner Meditationen bei Pistorius in der emporschießenden Flamme der Kaminglut; er begreift sich selber in seinem Bilde: Die Gespräche mit Pistorius **halfen Häute von mir abstreifen, Eierschalen zerbrechen, und aus jedem hob ich den Kopf etwas höher, etwas freier, bis mein gelber Vogel seinen schönen Raubvogelkopf aus der zertrümmerten Weltschale stieß** (125–126). In dieser Selbstdeutung Emil Sinclairs hat sich das Sperberbild, allmählich sich aufbauend im Kontext von Traum, Bild und Fantasiespiel, zum zentralen Symbol des Romans entwickelt. C. G. Jung bezeichnet diesen **in der Symbolik langer Traumserien sich spontan ausdrückenden unbewußten Vorgang** als Individuationsprozeß (Materialien zu *DEMIAN*, 1).

Ähnlich wie Sinclair unter dem Eindruck seines ersten Traumes, in dem ihm der Wappenvogel in stets sich wandelnder Gestalt erschien, ein Bild des Sperbers entwarf, das für seinen Lebensweg von entscheidender Bedeutung werden sollte, zeichnet er nun, dem Traum **vom Haustor und Wappen, von der Mutter und der fremden Frau** (138) nachsinnend, **wie be-**

wußtlos hingestrichen das Bild Frau Evas. Ihm träumt wie damals, als Demian ihn nötigte das Wappen zu essen, er habe das Bild **verbrannt und die Asche gegessen** (140). Obwohl in diesem Traum das Wappenbild nicht ausdrücklich erwähnt wird, stellt sich durch die zuvor geknüpfte enge Verbindung zwischen dem Liebestraumbild und dem Wappenvogel wie von selbst die Assoziation des aus der Asche sich erhebenden Vogels Phönix ein: **Wer geboren werden will, muß eine Welt zerstören.**

Die schließliche Begegnung mit Frau Eva geschieht selbstverständlich unter dem gemalten Bilde des Wappenvogels und auch Frau Eva fasst Sinclairs Schicksal in das nun schon vertraute Symbol: **Es ist immer schwer, geboren zu werden. Sie wissen, der Vogel hat Mühe, aus dem Ei zu kommen** (166). Stellte sich im Symbol des Sperbers so die Identitätsfindung Emil Sinclairs als Selbstbefreiung dar, so wird dasselbe Bild durch seinen Bezug zu Frau Eva, in der Sinclair sein Schicksal inkarniert sieht – **Unter dem Bild des Vogels hat mich mein Schicksal empfangen** (167) – sowie durch seine kosmische Überhöhung zum Schicksalsbild gesteigert.

In seiner Vision des **riesengroßen Vogels, der sich aus blauem Wirrwarr losriß und mit weißen Flügelschlägen in den Himmel hinein verschwand** (180), kündigt sich Sinclair die drohende Erschütterung der alten Welt an, die er wenig später, nach Kriegsausbruch, selbst als Zerstörung und Neubeginn deutet: **Es kämpfte sich ein Riesenvogel aus dem Ei, und das Ei war die Welt, und die Welt mußte in Trümmer gehen** (190–191).

Fast unversehens geschieht hier die Übertragung des innerseelischen Konflikts auf die Weltlage; der im gesamten Roman etablierte Ausschließlichkeitsanspruch der inneren Wirklichkeit und die unausgesetzte Mahnung zum **Weg nach Innen** entzeitlichen und entwirklichen selbst das Grauen des Ersten Weltkrieges zur **Ausstrahlung des Innern, der in sich zerspaltenen Seele, welche rasen und töten, vernichten und sterben wollte, um neu geboren werden zu können** (190).

Dieselbe Funktion wie das Sperberbild erfüllen auch die anderen gemalten Bilder Emil Sinclairs. Als tastende Versuche, nicht etwa die äußere Realität, sondern die Wandlungen der Psyche zum Ausdruck zu bringen, erscheinen sie, **der Phantasie und den Führungen folgend, die sich aus dem Begonnenen, aus Farbe und Pinsel von selber ergaben** (96). **Aus spielendem Tasten, aus dem Unbewußten** (96) drängen sich ihm die sich wandelnden Bilder auf. Aus dem Porträt Beatrices formt sich das Gesicht Demians, aus dem ihn schließlich sein eigenes Gesicht anschaut, nicht wie ein Abbild, sondern wie ein Wunschbild seiner selbst. Sinclairs Träume und seine gemalten Bilder steigen aus demselben Grunde empor, als ungelebte Teile seines Unbewussten drängen sie ins Bewusstsein und **regieren** ihn:

Aber keiner dieser Träume, keiner meiner Gedanken gehorchte mir, keinen konnte ich rufen, keinem konnte ich nach Belieben seine Farben geben. Sie kamen und nahmen mich, ich wurde von ihnen regiert, wurde von ihnen gelebt (114).

Offensichtlich bahnt sich die bedrängte Psyche in diesen Träumen und Bildern einen Weg zur Lösung des inneren Widerspruchs, denn Sinclairs Träume markieren stets die mitunter nach außen hin noch gar nicht sichtbaren Wendepunkte auf seinem Weg zu sich selbst.

> Alle jene Augenblicke des individuellen Lebens, wo die allgemeingültigen Gesetze menschlichen Schicksals die Absichten, Erwartungen und Anschauungen des persönlichen Bewußtseins durchbrechen, sind zugleich Stationen des Individuationsprozesses. Dieser Vorgang ist nämlich die spontane Verwirklichung des ganzen Menschen (Materialien zu DEMIAN, 1).

So träumt er unter dem schweren seelischen Druck der Kromererlebnisse vom Mordanschlag auf seinen Vater und nimmt in der geträumten gewaltsamen Befreiung von der väterlichen Autorität die notwendige Lösung aus den ihn beengenden Normen des Elternhauses vorweg. Die Überwindung jener Weltordnung, in der die **helle** und die **dunkle** Welt zwei einander feindlich entgegenstehende Wirklichkeiten sind, wird für den Heranwachsenden zur Voraussetzung seiner Identitätsbildung. Die vorweggenommene Synthese der Gegensätze wird so zum bestimmenden Merkmal der Träume und der gemalten Bilder. Am deutlichsten erscheint der Traum vom **Liebestraumbild**, dessen Anrufung zugleich der Gottheit Abraxas gilt, als Gegenentwurf der inneren Wirklichkeit, die ins Bewusstsein drängt: **Ich wollte ja nichts als das zu leben versuchen, was von selber aus mir heraus wollte** (113). Dass zeitweilig die Traumwelt für Sinclair *wirklicher* wird als die äußere Realität, bestätigt ihren Charakter als machtvolle Gegenwelt, die sich dem zur Selbstverwirklichung bereiten Einzelnen offenbart. Stets wirkt der Traum wegweisend in Sinclairs Leben hinein. Auf der Suche nach seinem Liebestraumbild findet er sich selber, findet er gerade in der Einheit gegensätzlicher Strebungen seine Identität. Die Frage nach der Grenze zwischen äußerer und innerer Realität, Traum und Wirklichkeit, wird so gegenstandslos.

2   »Unterm Rad«

2.1   Die Entstehung

HERMANN HESSES frühe Erzählung UNTERM RAD entstand im Jahre 1903 in einer wichtigen Lebensphase des damals 25-jährigen Autors. Nach mehreren gescheiterten Schulversuchen, nach seiner Praktikantenzeit in einer Calwer Turmuhrenfabrik und seiner schließlich erfolgreich abgeschlossenen Buchhändlerlehre war HERMANN HESSE im Jahre 1898 mit den ROMANTISCHEN LIEDERN zum ersten Mal als Schriftsteller hervorgetreten. Wenig später folgte der Prosaband EINE STUNDE HINTER MITTERNACHT (1899) und die HINTERLASSENEN SCHRIFTEN UND GEDICHTE VON HERMANN LAUSCHER (1901). Nach dem Erfolg seiner ersten Veröffentlichungen gibt HESSE im Frühjahr 1903 seine Tätigkeit als Buchhändler auf und lebt fortan als freier Schriftsteller. Nachdem er im Sommer 1903 das Manuskript des Romans PETER CAMENZIND, an dem er bereits seit 1902 arbeitete, abgeschlossen hat, schreibt er in den Herbst- und Wintermonaten desselben Jahres in seinem Heimatort Calw seine Erzählung UNTERM RAD nieder, die allerdings erst im Herbst 1905 (mit der Jahresangabe 1906) erscheint. Umgeben von der Atmosphäre seiner Heimatstadt zeichnet er ihr Bild mit Zuneigung und kritischem Blick gleichermaßen. Zahlreiche Orte seiner Kindheit finden sich in UNTERM RAD wieder, in der Erinnerung verklärt und bewahrt[47]:

> Wenn ich als Dichter vom Wald oder vom Fluß, vom Wiesental, vom Kastanienschatten oder Tannenduft spreche, so ist es der Wald um Calw, ist es die Calwer Nagold, sind es die Tannenwälder und die Kastanien von Calw, die gemeint sind, und auch Marktplatz, Brücke und Kapelle, Bischofstraße und Ledergasse, Brühl und Hirsauer Wiesenweg sind überall in meinen Büchern, auch in denen, die nicht ausdrücklich sich schwäbisch geben, wiederzuerkennen, denn alle diese Bilder, und hundert andre, haben einst dem Knaben als Urbilder Hilfe geleistet; und nicht irgendeinem Begriff von ›Vaterland‹, sondern eben diesen Bildern bin ich zeitlebens treu und dankbar geblieben, sie haben mich und mein Wunschbild formen helfen, und sie leuchten mir heute noch inniger und schöner als je in der Jugendzeit.[48]

Aber nicht nur die Örtlichkeiten, sondern auch die Handlung dieser Erzählung trägt autobiografische Züge. Nach dem Besuch der Lateinschule in Göppingen (1890–91) bestand HESSE im Sommer 1891 das Württembergische Landexamen und trat im Herbst desselben Jahres als Stipendiat ins Seminar in Maulbronn ein, in dem man 14- bis 18-jährige Schüler auf das Studium der evangelischen Theologie vorbereitete. In den ersten Monaten berichtete HESSE froh gelaunt über sein Leben in Maulbronn:

Ich bin froh, vergnügt, zufrieden! Es herrscht im Seminar ein Ton, der mich sehr anspricht. Vor allem ist es das offene Verhältnis zwischen Zöglingen und Lehrern, dann aber auch das nette Verhältnis der Zöglinge untereinander [...] alles zusammen bildet ein festes, schönes Band zwischen Allen und nirgends findet man einen Zwang [...] dann das großartige Kloster![49]

Schon bald jedoch mehrten sich die Anzeichen einer seelischen Krise, die im Mai 1892, nachdem er aus dem Seminar entlaufen war, zu seiner Entfernung aus der Klosterschule führte.

Nach den Angaben mehrerer seiner Mitschüler befand sich Hermann schon seit längerer Zeit [...] öfters in einem Zustand größter Erregtheit, in welchem er überschwengliche, zum Teil überspannte Gedichte zu verfassen pflegte.[50]

Seine Entfernung aus der Klosterschule wird von seinen Erziehern dringend befürwortet, da es ihm in hohem Grad an der Fähigkeit fehlte, sich selbst in Zucht zu halten und sein Aufenthalt im Seminar für seine Mitschüler eine Gefahr werden könnte. Er ist zu erfüllt von überspannten Gedanken und übertriebenen Gefühlen, denen sich hinzugeben er nur zu geneigt ist.[51]

Seine Familie weiß mit dem schwierigen Jugendlichen nicht umzugehen und schickt ihn deshalb in die Nervenheilanstalt in Bad Boll zu Pfarrer Christoph Blumhardt, dem Sohn des berühmten Exorzisten. Als HESSE nach einer Liebesenttäuschung einen Selbstmordversuch unternimmt, bittet Blumhardt die Eltern, ihren Sohn abzuholen. Nach wenigen Monaten in der Irrenanstalt Stetten bei Stuttgart erfüllt sich HESSES Wunsch, das Gymnasium in Bad Cannstatt besuchen zu dürfen. Nach dem *Einjährigen* verlässt er allerdings das Gymnasium und beginnt in Eßlingen eine Buchhändlerlehre, aus der er bereits nach wenigen Tagen entläuft. Nach einigen rastlosen Monaten entschließt HESSE sich als Lehrling in die Calwer Turmuhrenfabrik Perrot einzutreten. Wie Hans Giebenrath muss nun HERMANN HESSE als Lehrling Spott und Schadenfreude seiner Umwelt ertragen:

Vor den Augen kleinstädtischer Neugier und Schadenfreude ist aus dem ehemals so vielversprechenden Lateinschüler, dem Absolventen des Landexamens, einer kleinen Lokalberühmtheit also, am Ende ein trauriger, blasser, geistig anscheinend versimpelter Lehrbube im blauen Schlosseranzug geworden, warnendes Beispiel dafür, daß Hochmut vor dem Fall kommt und daß die Bäume nicht in den Himmel wachsen und daß Studieren überhaupt von Übel ist.[52]

In diesem Jahr, während HESSE neben seiner praktischen Lehre fanatisch ein intensives Studium der Literatur betreibt, selbst Gedichte schreibt und sich in seinen Literaturbetrachtungen bereits als sensibler und kenntnisreicher Kritiker erweist, festigt sich sein dichterisches Selbstbewusstsein und sein Leben beginnt sich auch äußerlich zu ordnen.

> Kurz, mehr als vier Jahre lang ging alles unweigerlich schief, was man mit mir unternehmen wollte, keine Schule wollte mich behalten, in keiner Lehre hielt ich lange aus. Jeder Versuch, einen brauchbaren Menschen aus mir zu machen, endete mit Mißerfolg, mehrmals mit Schande und Skandal, mit Flucht oder mit Ausweisung [...] Jetzt erst habe ich allmählich wieder Ruhe und Heiterkeit gefunden, bin geistig gesund geworden – von jener bösen Zeit voll Zorn und Haß und Selbstmordgedanken will ich nimmer sprechen – Jetzt ist diese Zeit vorbei. Immerhin hat sie mein dichterisches Ich ausgebildet; die tollste Sturm- und Drangzeit ist glücklich überstanden.[53]

Jedoch nicht nur seine eigenen Leiden hat HESSE in seiner Erzählung geschildert, sondern auch das Scheitern seines jüngeren Bruders Hans, von dem HESSE sagt: **Der ist auch, seit sie ihm in der Schule das Rückgrat gebrochen haben, immer unterm Rad geblieben.**[54]

> Die Lateinschule, welche auch mir viel Konflikte gebracht hatte, wurde für ihn mit der Zeit zur Tragödie, auf andere Weise und aus anderen Gründen als für mich, und wenn ich später als junger Schriftsteller in der Erzählung UNTERM RAD nicht ohne Erbitterung mit jener Art von Schulen abrechnete, so war das leidensschwere Schülertum meines Bruders dazu beinahe ebensosehr Ursache wie mein eigenes.[55]

Dass HESSE jedoch in seiner Erzählung UNTERM RAD nicht nur selbst erlebte und miterlebte Leiden schildert, sondern ein allgemeines Missbehagen ausspricht, Missstände anprangert, die im Wilhelminischen Deutschland jener Jahre die jungen Leute immer wieder zu Protest und Anklage reizten, zeigt ein Blick auf die Schülerromane und Jugenderzählungen der Zeit wie Emil Strauss' FREUND HEIN (1902), Arno Holz' DER ERSTE SCHUL-TAG (1889), Friedrich Huchs MAO (1907), Franz Werfels ABITURIENTENTAG (1928), Rilkes TURNSTUNDE (1899/1901) und Musils DIE VERWIRRUNGEN DES ZÖGLINGS TÖRLESS (1906).

2.2 Die Rezeption

UNTERM RAD erschien in der Buchausgabe nur zwei Jahre nach HESSES erstem großen Erfolg PETER CAMENZIND. So neigen die zeitgenössischen Leser und Kritiker spontan dazu, die beiden Bücher trotz ihrer unterschiedlichen Grundstimmung in ihrer Erzählweise zu vergleichen und in dem späteren Werk die literarischen Verdienste des früheren wiederzufinden. Die landschaftliche Schönheit, die Stimmungsbilder, die liebevolle Zeichnung kleiner und kleinster Szenen werden stets aufs Neue gerühmt, bis hinter dem poetischen Realismus des Dichters Anklage und Satire des engagierten Humanisten verschwinden: **Anklage war beabsichtigt, aber die Elegie des Dichters ist daraus geworden.**[56] HESSES gelungene **Beobachtung und Gestaltung** werden betont, die **künstlerische Geschlossenheit und Einheitlichkeit** hervorgehoben.[57]

Der ›Tendenz‹ des Werkes tragen seine Kritiker meist nur mit dem Hinweis auf die Modeströmung der Schulromane Rechnung, in die sich auch HESSES Erzählung einfügt. Wo sein kritisches Engagement gewürdigt wird, begrüßt man sein warmherziges Eintreten für die Jugend, sein Verständnis, sein Einfühlungsvermögen: **Ein Tendenzwerk? Ja, dort, wo es mit warmen Worten das Recht der Jugend auf eine Jugend verlangt.**[58]

Erfreute sich der Roman zu seiner Zeit großer Beliebtheit, weil er wie andere Schulromane auch einer weit verbreiteten Unzufriedenheit Ausdruck verlieh und zugleich archetypische Entwicklungskonflikte gestaltete, so spielt er folgerichtig auch bei der Wiederentdeckung HERMANN HESSES in unserer Zeit eine wichtige Rolle. Am amerikanischen HESSE-Boom der späten Sechziger- und frühen Siebzigerjahre hat *UNTERM RAD* mit ungefähr 461 000 verkauften Exemplaren innerhalb von sechs Jahren einen erheblichen Anteil. Nach dem *STEPPENWOLF,* nach *DEMIAN, SIDDHARTHA* und dem *GLASPERLENSPIEL* rangiert der Roman, gemessen an den Verkaufsziffern, immerhin an fünfter Stelle in der Reihe der amerikanischen HESSE-Übersetzungen.[59] Auch in Deutschland zog der Verkauf mit der bekannten zeitlichen Verzögerung signifikant an: In der Zeit vom Juli 1975 bis Februar 1976 wurden ungefähr 14 160 Exemplare verkauft.[60] Damit wurde ein Buch, das über Jahrzehnte hin vom deutschen Lesepublikum fast völlig ignoriert wurde, schlagartig hochaktuell.

Offensichtlich verlangte vor allem die Jugend, wie schon während der ersten großen HESSE-Welle zu Beginn des Jahrhunderts, vehement nach Selbstbesinnung und Selbstbestimmung und sah ihr eigenstes Anliegen in einem Buch vertreten, dessen emotionale Intensität sie faszinierte, während seine einfache Sprache und unkomplizierte Gedankenführung die Identifikation erleichterte. HERMANN HESSE selbst hat die Wirkung seines frühen Romans auf eben diese Unmittelbarkeit des Selbsterlebten zurückgeführt:

> Aber, ob geglückt oder nicht, das Buch enthielt doch ein Stück wirklich erlebten und erlittenen Lebens, und solch ein lebendiger Kern vermag zuweilen nach erstaunlich langer Zeit und unter völlig anderen, neuen Umständen wieder wirksam zu werden und etwas von seinen Energien auszustrahlen.[61]

2.3   Hans Giebenraths Irrweg

In dem die Erzählung einleitenden holzschnittartig verdeutlichten Bild Joseph Giebenraths entfaltet sich die Skizze einer spießbürgerlich engen, in selbstzufriedener, beschränkter Mittelmäßigkeit erstarrten Gesellschaft in einer kleinen schwäbischen Stadt. Giebenrath, der sich **durch keinerlei Vorzüge oder Eigenheiten von seinen Mitbürgern** auszeichnet (7), achtet die inneren und äußeren **Gebote der bürgerlichen Wohlanständigkeit** (7) und trägt so mit seinen vertrauten Gewohnheiten, bewährten Überzeugungen und der emotionalen und geistigen Enge eines wahren Philisterlebens seinen Teil dazu bei, jenes Klima zwanghafter Konformität zu schaffen, in dem der Einzelne nur leben und atmen kann, wenn er sich widerspruchslos einfügt in das Raster der allgemeinen Erwartungen und verpflichtenden Normen. In dieser festgefügten, in ihren sozialen und ihren psychischen Strukturen erstarrten Gemeinschaft hat das Außergewöhnliche keinen Platz:

> Auch das Tiefste seiner Seele, das schlummernde Mißtrauen gegen jede überlegene Kraft und Persönlichkeit und die instinktive, aus Neid erwachsene Feindseligkeit gegen alles Unalltägliche, Freiere, Feinere, Geistige teilte er mit sämtlichen Hausvätern der Stadt (7–8).

Hans Giebenrath, der durch seine Begabung und seine zarte Wesensart vor seinen Altersgenossen auffällt, ist in einer solchen Umgebung von vornherein zum Außenseiter bestimmt. Jede denkbare Verunsicherung aber, jede Erschütterung, die die Existenz des Außenseiters für das Gemeinwesen bedeuten könnte, wird durch die vorgezeichnete Zukunftsperspektive gebannt: [...] **jedermann gab zu, der Bub sei ein feiner Kopf und überhaupt etwas Besonderes. Damit war seine Zukunft bestimmt und festgelegt** (9). Als besonders begabtem Kind armer Eltern öffnet sich ihm nur ein einziger Weg in die Zukunft: die Aufnahme ins Maulbronner Seminar und das anschließende Studium der Theologie am Tübinger Stift. Diese Laufbahn sichert ihm die Anteilnahme und die Hochachtung all jener Spießbürger, die ihn als Außenseiter brandmarken würden, wenn sie sich nicht durch seine Erfolge in ihrer eigenen Ehre geschmeichelt fühlen würden.

Diese Integration des Außenseiters kann nicht ohne Opfer gelingen. Weder Hans' Vater noch seine Lehrer bezweifeln, dass Hans für die theologische Laufbahn geeignet ist, nach seinen Neigungen, seiner inneren Eignung und seiner Belastbarkeit fragt indes keiner, am wenigsten Hans Giebenrath selbst. Er lässt sich willig abrichten zu einem folgsamen, gelehrigen Kandidaten für das schwäbische Landexamen, jener Prüfung, die den Zugang zu einer der protestantischen Klosterschulen des Landes regelt. Die tägliche Überforderung durch ein kaum zu bewältigendes Lernpensum, die seine Gesundheit untergräbt und seine Lebensfreude zerstört, wird ihm zur Selbstverständlichkeit. Die Anforderungen seiner Lehrer und der fatale Stolz des Vaters haben in ihm den Ehrgeiz geweckt stets als Bester unter den Kameraden zu glänzen:

> Denn das wußte er wohl, daß er im Seminar noch ehrgeiziger und zäher arbeiten müsse, wenn er auch dort die Kameraden hinter sich lassen wollte. Und das wollte er entschieden. Warum eigentlich? Das wußte er selbst nicht (41).

So wenig er selbst sein ehrgeiziges Streben versteht, so wenig begreift er andererseits den Verlust der Kindheit. Die Ungebundenheit, das zweckfreie Spiel, die Verbundenheit mit der Natur, das ziellose Träumen und Umherstreunen sind ihm ein für alle Mal versagt. Zwar erfasst ihn immer wieder die traurige Erinnerung an die **schönen, freien, verwilderten Knabenfreuden** (13), jedoch führt sein hilfloser Versuch, seine einsame Verzweiflung zu bezwingen, lediglich zur Zerstörung dessen, woran sein Herz einst hing: **Er hieb auf das alles los, als könnte er damit sein Heimweh nach den Hasen und nach August und nach all den alten Kindereien totschlagen** (16). Haben ihm zuvor sein Vater und seine Lehrer jedes freie Spiel, jede Liebhaberei verboten, so führt nun Hans selbst ihr verhängnisvolles Zerstörungswerk fort. Während er in seiner Ohnmacht hier noch die lieb gewordenen Dinge um sich herum vernichtet, zerstört er am Ende sich selbst.

Schon bevor Hans die Heimat verlässt, fühlt er, dass die Freuden und Verlockungen der Kindheit ihm unwiederbringlich verloren sind. Seine Versuche, das intensive Erleben des Kindes in der Erinnerung noch einmal lebendig werden zu lassen, münden in die Einsicht, **daß diese obskure, kleine Gassenwelt ihm verlorengegangen war, ohne daß etwas Lebendiges und Erlebenswertes statt dessen gekommen wäre** (27). Auch sein Versuch, nach bestandenem Examen die Sommerferien ungetrübt mit Angeln und Schwimmen zu verbringen, scheitert an den Forderungen der Lehrer und seinem eigenen Streben: **Der in Angst und im Triumph des Examens untergetauchte Ehrgeiz war wieder wach und ließ ihm keine Ruhe** (45). Den Notsignalen des aufbegehrenden Körpers und der bedrängten Seele schenken weder seine Erzieher noch er selbst Beachtung. Sein blasses, erschöpftes Aussehen erscheint ihnen vielmehr als äußeres Zeichen einer außergewöhnlichen Begabung: **Das ist einer von den ganz Gescheiten; sehen Sie ihn nur an, er sieht ja direkt vergeistigt aus** (11). Nur der Schuster Flaig, der in seiner schlichten Frömmigkeit und mitfühlenden Güte als Einziger die Not des Jungen sieht, bekümmert sich um Hans' Wohlergehen. Hans jedoch, der seine Lehrer ehrfürchtig bewundert, entzieht sich der wohlmeinenden Fürsorge Flaigs, dessen einfaches Wesen er hochmütig belächelt.

Bereits diese ersten Skizzen einer fehlgeleiteten kindlichen Entwicklung machen deutlich, dass Hans' Konflikt weder einseitig einer individuellen psychischen Labilität angelastet werden kann noch andererseits allein aus der gesellschaftlichen Deformation erwächst. Vielmehr tragen sowohl persönliche Erfahrungen und Prägungen, psychische Prädispositionen und entwicklungsbedingte pubertäre Spannungen als auch gesellschaftliche Zwänge dazu bei, den Heranwachsenden in die Ausweglosigkeit des Todes zu treiben. Zweifellos hat der frühe Tod seiner Mutter das sensible Kind des notwendigen seelischen Schutzes beraubt, den es zur allmählichen Entfaltung seiner Persönlichkeit gebraucht hätte. Eine gesteigerte Empfindlichkeit ist die Folge dieser frühen Entbehrung. Die Verständnislosigkeit des Vaters und der blinde Ehrgeiz seiner Erzieher entzieht dem Jugendlichen zudem die emotionale Unterstützung, die er gerade in der schwierigen Zeit der Pubertät nötig hätte.

So erlebt Hans Giebenrath die Pubertät nicht als das allmähliche Abschiednehmen von der Kindheit und das Hineinwachsen in die Welt der Erwachsenen, sondern als gewaltsame Vertreibung aus der Kindheit und plötzlichen schmerzhaften Bruch. Der verderbliche Einfluss seiner Erzieher führt nicht nur zu einer außengeleiteten Fehlentwicklung, sondern beeinträchtigt auch das Verhältnis des Jungen zu sich selbst: Von der im Rückblick verklärten Kindheit abgeschnitten, vom Ehrgeiz ergriffen, ohne emotionale Zuflucht ist er den inneren und äußeren Anforderungen, die die Ausbildung in der Klosterschule in Maulbronn an ihn stellt, nicht gewachsen.

Die Klosterschule in Maulbronn schildert der Erzähler zunächst als idyllischen Ort der Ruhe und Harmonie, dessen architektonische Würde und landschaftlich reizvolle Lage der allseitigen Entfaltung der menschlichen Persönlichkeit in hervorragender Weise dienlich sei. Diesem leuchtenden Bilde wird jedoch, sobald das theologische Seminar, seine Erziehungsideale und pädagogischen Prinzipien geschildert werden, schroff die Karikatur einer Bildungseinrichtung entgegengesetzt. Die protestantischen Klosterschulen, deren berühmteste das Kloster Maulbronn beherbergte, waren seit dem 16. Jahrhundert in Württemberg die entscheidenden Träger einer humanistisch-protestantischen Bildung. Zukünftige Theologen, Gelehrte, höhere Beamte, Lehrer und Professoren wurden hier in weltabgeschiedener Gemeinschaft auf das Studium der protestantischen Theologie im Tübinger Stift vorbereitet. Die feste Bindung an die humanistische Tradition, die Abwehr jeglicher Fremdeinflüsse und die rigorose Autorität der Erzieher geben der Klosterschule jenes besondere Gepräge schwäbischer Geistigkeit, **an welchem sie später jederzeit erkannt werden können – eine feine und sichere Art der Brandmarkung** (54). Hölderlin, Mörike und Waiblinger, drei der berühmtesten Stiftler, lässt HESSE in seiner Novelle *IM PRESSELSCHEN GARTENHAUS* (1913) zusammentreffen. In einer heftigen Aussprache mit dem Freunde Mörike, an der der wahnsinnige Hölderlin stumm und leidend teilhat, ruft Waiblinger aus: **Es ist nur gut, daß ich den Hölderlin habe. Ich glaube, dem haben sie auch seinerzeit im Tübinger Stift das Rückgrat gebrochen.**[62]

Wie in HESSES pietistischem Elternhaus, so ist man auch in Maulbronn bestrebt den **natürlichen Menschen** zu zerbrechen um den geistigen Menschen zu formen. Wie verzweifelt HESSE selber unter dem orthodoxen Pietismus seiner Eltern, ihrer peniblen Gewissenserforschung und ihrer Sinnenfeindlichkeit gelitten hat, bezeugen zahlreiche Dokumente aus seinem späteren Leben.[63] Mit Recht kann seine Erzählung UNTERM RAD deshalb auch als Abrechnung mit der rigoros pietistischen Tradition des Elternhauses gelten:

> In der Geschichte und Gestalt des kleinen Hans Giebenrath, zu dem als Mit- und Gegenspieler sein Freund Heilner gehört, wollte ich die Krise jener Entwicklungsjahre darstellen und mich von der Erinnerung an sie befreien, und um bei diesem Versuch das, was mir an Überlegenheit und Reife fehlte, zu ersetzen, spielte ich ein wenig den Ankläger und Kritiker jenen gegenüber, denen Giebenrath erliegt und denen ich selber beinahe erlegen wäre: der Schule, der Theologie, der Tradition und Autorität.[64]

Das Klosterseminar in Maulbronn erscheint im Roman als Paradigma einer Erziehung, die individuelle Entfaltung und damit die Selbstverwirklichung der ihr anvertrauten Menschen unmöglich macht.

Hans Giebenrath ist zunächst in Maulbronn durchaus zurückhaltend, arbeitseifrig, um Anpassung bemüht. Jedoch liegt in seiner Freundschaft mit dem leichtsinnigen Schwärmer Hermann Heilner von Beginn an eine Gefährdung, die Hans wohl spürt, der er sich aber nicht entziehen kann. Eine zärtliche Zuneigung und ein Gefühl der Zusammengehörigkeit vereint die beiden ungleichen Freunde, deren Verbindung von den verständnislosen Lehrern misstrauisch beargwöhnt wird. Ihre gesteigerte Sensibilität, ihr frühreifer Tiefsinn und ihre außergewöhnliche Begabung lassen sie den Lehrern verdächtig erscheinen:

> An Heilner war ihnen ohnehin von jeher ein gewisses Geniewesen unheimlich – zwischen Genie und Lehrerzunft ist eben seit alters eine tiefe Kluft befestigt, und was von solchen Leuten sich auf Schulen zeigt, ist den Professoren von vornherein ein Greuel. [...] Und so wiederholt sich von Schule zu Schule das Schauspiel des Kampfes zwischen Gesetz und Geist, und immer wieder sehen wir Staat und Schule atemlos bemüht, die alljährlich auftauchenden paar tieferen und wertvolleren Geister an der Wurzel zu knicken. Und immer wieder sind es vor allem die von den Schulmeistern Gehaßten, die Oftbestraften, Entlaufenen, Davongejagten, die nachher den Schatz unseres Volkes bereichern. Manche aber – und wer weiß wie viele? – verzehren sich in stillem Trotz und gehen unter (90/91).

Beide Wege sind hier bereits entworfen: Heilners Flucht aus Maulbronn und Giebenraths Untergang. In seinem KURZGEFASSTEN LEBENSLAUF (1925) erinnert sich HESSE mit Bitterkeit an seine eigenen leidvollen Erfahrungen:

> Rasch hatte ich gelernt, was aus der Situation zu lernen war: Dichter war etwas, was man bloß sein, nicht aber werden durfte. Ferner: Interesse für Dichtung und eigenes dichterisches Talent machte bei den Lehrern verdächtig, man wurde dafür entweder beargwöhnt oder verspottet, oft sogar

tödlich beleidigt. Es war mit dem Dichter genauso wie es mit dem Helden war […]: in der Vergangenheit waren sie herrlich […] in der Gegenwart und Wirklichkeit aber haßte man sie, und vermutlich waren die Lehrer geradezu dazu angestellt und ausgebildet […] um das Heranwachsen von famosen, freien Menschen und das Geschehen von großen, prächtigen Taten nach Möglichkeit zu verhindern.[65]

Wie so oft in seinen Romanen entwirft HESSE hier in zwei einander zugeordneten Gestalten einen Lebenskonflikt, den er selbst durchlitten und im dichterischen Werk objektiviert hat. Heinz Stolte nennt in seiner Studie *HERMANN HESSE – WELTSCHAU UND LEBENSLIEBE* dieses dichterische Verfahren das **Prinzip der polarischen Spaltung: Was im eigenen Inneren als spannungsvoller Widerspruch, als Polarität eines und desselben Charakters empfunden wird, zerlegt sich im gestalteten Werk in zwei polarisch einander zugleich widersprechende und ergänzende Personen.**[66] Hermann Heilner, der HERMANN HESSES Vornamen und Initialen trägt und zudem durch die Assoziationen seines Namens eine positive Erwartung weckt, ist unmissverständlich als Hans Giebenraths Gegenbild konzipiert. In ihm, dem **Dichter** und **Schöngeist**, wird zwar einerseits die romantische Poesie karikiert und Heilner in seiner Pose als Schwärmer entlarvt, andererseits jedoch bewahrt gerade er sich seine Unabhängigkeit inmitten des uniformen Internatslebens, begehrt gegen die Autorität auf und lebt nach eigenem Gesetz und Willen. Wie eine Karikatur des klassischen Bildungserlebnisses liest sich seine Verhöhnung der schulischen Bemühungen:

Da lesen wir Homer […] wie wenn die Odyssee ein Kochbuch wäre. Zwei Verse in der Stunde, und dann wird Wort für Wort wiedergekäut und untersucht, bis es einem zum Ekel wird. Aber am Schluß der Stunde heißt es dann jedesmal: Sie sehen, wie fein der Dichter das gewendet hat, Sie haben hier einen Blick in das Geheimnis des dichterischen Schaffens getan! Bloß so als Soße um die Partikeln und Aoriste herum, damit man nicht ganz dran erstickt (68–69).

Sein empfänglicher Blick für das Schöne, seine Fantasie und seine genießerische Empfindsamkeit zeichnen ihn vor den anderen Knaben aus und tragen ihm den **halb spöttisch gemeinten Ruf eines Genies** ein (73). Wie später Emil Sinclair seinen Freund Max Demian fürchten und bewundern wird, so erscheinen auch Hans Giebenrath des Freundes **Kühnheiten halb als Tempelschändungen, halb als zwar verbrecherische, aber doch heroische Heldentaten** (75). Der Freundschaftsbund zwischen den beiden Knaben – eine im 19. Jahrhundert schwärmerisch gepflegte Umgangsform – setzt dem realitätsentrückten Klosterleben die lebendige Kommunikation entgegen, **ein erhöhtes wärmeres Leben** (94). Erst seine seelische Entfaltung ermöglicht ihm die lebendige Begegnung mit der Tradition.

> Mit dunkel tastendem Gefühl näherte er sich dem Verständnis der homeri-
> schen Welt, und in der Geschichte hörten allmählich die Helden auf, Na-
> men und Zahlen zu sein, und blickten aus nahezu glühenden Augen und
> hatten lebendige, rote Lippen und jeder sein Gesicht und seine Hände […]
> Je und je kam etwas Derartiges wieder, daß aus den Büchern heraus irgend-
> eine Gestalt oder ein Stück Geschichte gleichsam gierig hervorbrach, sich
> sehnend, noch einmal zu leben und seinen Blick in einem lebendigen Auge
> zu spiegeln (94–95).

Seine gesteigerte Sensibilität entrückt ihn jedoch zugleich seiner alltäglichen Wirklichkeit und lässt ihn in seiner in der Fantasie belebten vielgestaltigen Welt Zuflucht suchen: **Aber häufig kamen jene Monate körperhafter
Anschauung, daß er beim Lesen alles Geschilderte plötzlich dastehen, leben und sich bewegen sah, viel leibhaftiger und wirklicher als die nächste
Umgebung** (102).

In ganz ähnlicher Weise erlebt der junge Törleß in Musils Schul- und
Pubertätsroman *DIE VERWIRRUNGEN DES ZÖGLINGS TÖRLESS* das Aufbrechen einer zweiten Wirklichkeit hinter der Welt der Erscheinungen. Erinnerungen und Tagträume lösen in ihm jenes gleichsam visionäre Sehen
aus, das ihn seiner alltäglichen Wirklichkeit entfremdet und ihn zugleich
auf seine eigenen inneren Regungen zurückverweist:

> Er war dann gezwungen, Ereignisse, Menschen, Dinge, ja sich selbst häufig
> so zu empfinden, daß er dabei das Gefühl sowohl einer unauflöslichen Un-
> verständlichkeit als einer unerklärlichen, nie völlig zu rechtfertigenden Ver-
> wandtschaft hatte.[67]

Sinnlichkeit, Emotionalität und die Faszination jenes **bilderdurchzuckten
Schweigens**[68] geben Törleß die Gewissheit einer Gefühlswirklichkeit, die
im Konvikt zu W., einer durch Tradition und Autorität geprägten Lehran-
stalt, weder genährt noch geduldet wird. Auf Anraten der Schule und auf
seinen eigenen Wunsch hin verlässt Törleß nach diesen Erfahrungen das
Konvikt. Im Gegensatz zu Hans Giebenrath jedoch geben diese Erlebnisse
dem jungen Törleß nachträglich eine neue Gewissheit:

> Nein, ich irrte mich nicht, wenn ich von einem zweiten, geheimen, unbeach-
> teten Leben der Dinge sprach! […] So wie ich fühle, daß ein Gedanke in mir
> Leben bekommt, so fühle ich auch, daß etwas in mir beim Anblicke der
> Dinge lebt, wenn die Gedanken schweigen. Es ist etwas Dunkles in mir, unter
> allen Gedanken, das ich mit den Gedanken nicht ausmessen kann, ein Leben,
> das sich nicht in Worten ausdrückt und das doch mein Leben ist […][69]

Hans Giebenrath findet zwar in den Unruhen der Pubertät in Heilner
zunächst einen Gefährten seiner Begeisterung, seiner Schwermut und seiner Liebessehnsucht. Die tief greifenden Veränderungen jedoch, die ihn
überwältigen, ängstigen und beglücken, hält er auch vor dem Freunde ge-

heim: seine Erfahrung jener anderen Wirklichkeit, die die Seele mit Träumen, Bildern, Erinnerungen und Visionen füllt, die lebendiger und deutlicher hervortreten als das augenblickliche Leben.

Nach Heilners Flucht und Ausschluss aus dem Kloster bleibt Giebenrath völlig isoliert zurück, gemieden von den Kameraden, nach dem Absinken seiner schulischen Leistungen von den Lehrern verachtet, ein **Aussätziger** (107).

Während der ehrgeizige Schüler zunächst eifrig bemüht gewesen war, die in ihn gesetzten Erwartungen zu erfüllen und sich selber sein Können zu beweisen, verkehrt sich sein Streben später immer mehr in Gleichgültigkeit. Je mehr sein inneres Leben erwacht, umso unwichtiger werden ihm Ansehen und Erfolg. Jedoch entscheidet sich Hans nicht wie Heilner aus freien Stücken gegen den schulischen Zwang, setzt der Verachtung der Lehrer nicht wie sein Dichterfreund seinen eigenen starken Willen entgegen, sondern versinkt ohnmächtig in seinem traumhaften inneren Leben. Geschwächt an Leib und Seele muss er so die Klosterschule verlassen.

War Hans bereits durch den übertriebenen Ehrgeiz seiner Erzieher sich selbst entfremdet, so reißt ihn das unbegriffene Aufbrechen seiner Triebe, Wünsche, Fantasien und Träume vollends ins Bodenlose. Dem träumerischen Blick wird die gewohnte Umgebung fremd, die Bilder dagegen, die Fantasie und Gefühl entwerfen, gewinnen ein kraftvolles eigenes Leben. Giebenrath, der körperlich und seelisch erschöpft nach Hause zurückkehrt und den auch die Flucht in die verlorene Kindheit nicht wieder aufrichten kann, erlebt die emotionalen Schwankungen, Angst und Melancholie, Glücksrausch und Sehnsucht als Bedrohung.

Auch das erste Erwachen der Sinnlichkeit, Lust und Lebenskraft verwirren und ängstigen ihn: **Träume, in welchen die unverstandenen Wallungen seines Blutes zu ungeheuerlichen ängstigenden Fabelbildern wurden, zu tödlich umschlingenden Armen, zu heißäugigen Phantasietieren, zu schwindelnden Abgründen, zu riesigen lodernden Augen** (147).

Während er beim Mosten ein letztes Mal an der allgemeinen Fröhlichkeit teilhat, während der Wein ihn **verwandelt,** bereitet sich gleichzeitig in seiner Begegnung mit Emma seine letzte, tödliche Krise vor. Für Emma, von leichtem Blut, lustig und beliebt, lebensfroh und unkompliziert, gilt der kurze Flirt mit Hans nur wenig. Sie freut sich der erotischen Plänkeleien und verlässt Hans dann, als die Ferientage vorüber sind, ohne Abschied und ohne Traurigkeit.

Für Hans jedoch wird die Erfahrung des sinnlichen Verlangens zur Begegnung mit seiner eigenen Natur, die Forderungen an ihn stellt, ihn ängstigt, ihn zu überwältigen droht. Neben den verheißungsvollen Erinnerungen an flüchtige Impressionen, Gelesenes und Gehörtes macht sich sogleich das **böse Gewissen** und mit ihm die versagende Autorität des Elternhauses geltend. Obwohl für Augenblicke seine neu erwachte Lebenskraft die Oberhand gewinnt, ist auch die Verheißung sogleich mit Angst besetzt:

> In dieser Stunde zerriß etwas in ihm und tat ein neues, fremdartig verlockendes Land mit fernen blauen Küsten sich vor seiner Seele auf. Er wußte noch nicht oder ahnte nur, was die Bangnis und süße Qual in ihm bedeutete, und wußte auch nicht, was größer in ihm war, Pein oder Lust (133).

Wie ihn in seinen Begegnungen mit der Natur deren ungebrochene Kraft in ihren Bann zieht, so erlebt Hans in der Liebe die elementare Vitalität seiner Triebe: **Anschwellend wurden diese zwiespältigen Empfindungen zu einem dunkel auftreibenden Quell, zu einem Gefühl, als wolle etwas allzu Starkes sich in ihm losmachen und Luft gewinnen – vielleicht ein Schluchzen, vielleicht ein Singen, Schreien oder lautes Lachen** (134). Jede Äußerung ungebrochener Natur aber hat weder in der Philisterwelt seiner Erzieher noch in der sinnenfeindlichen, weltfernen Geistigkeit des Klosterlebens Raum. Allein, ohne Hilfe von außen, muss Hans diese elementaren Erfahrungen bewältigen, denen er hilflos ausgeliefert ist.

Naturbilder spiegeln seinen Zustand: **Er kam durch die Gassen nach Hause, er wußte nicht wie, als risse ein großer Sturm ihn mit oder als trüge ihn schaukelnd eine mächtige Flut** (144).

Dem Zwang des Klosterlebens, der seine Seele erstickte, konnte er entfliehen, sich selbst aber kann er nicht entrinnen. Während er sich im Kloster Maulbronn dem Zugriff der Autoritäten verweigerte anstatt wie Hermann Heilner zu revoltieren, entzieht er sich dem für ihn unlösbaren Liebeskonflikt durch seine **Todesmüdigkeit**. Seine Sinnlichkeit anzunehmen und seine Sehnsucht zu erfüllen, vermag Hans nicht, da er innerlich nicht stark genug ist, sein Ich gegen Widerstände zu entwickeln und offen sein Recht auf individuelle Entfaltung durchzusetzen.

Trotz seiner Ich-Schwäche wird Hans jedoch weder zum angepassten Philister wie sein Vater noch zum weltfernen Gelehrten wie seine Maulbronner Erzieher. Den offenen Konflikt mit den Autoritäten seiner Jugend, mit dem Vater und den Erziehern, scheut der Knabe zwar, jedoch liegt in seiner Verweigerung auch ein Moment der Auflehnung. Hans Giebenrath, der mehr und mehr in die Rolle des Opfers gedrängt wird, entzieht sich mit seiner Leistungsverweigerung, seiner physischen und psychischen Schwäche und letztendlich durch seinen Selbstmord den falschen an ihn gestellten Erwartungen und Anforderungen und behauptet spät, zu spät allerdings, allein in der Negation sein Recht auf Selbstbestimmung, die nie zur Selbstverwirklichung reifen durfte.

Wie vehement HERMANN HESSE selbst den notwendigen Konflikt mit seinem dominierenden, strengen Vater und der pietistischen Zucht des Elternhauses ausficht, bezeugen seine Briefe vielfach.[70] Doch auch die Leiden des Jugendlichen, der durch Angst und Scheitern hindurch zur Autonomie vordringt, hat der Dichter zu unterschiedlichen Zeiten immer wieder gestaltet.[71]

Hans Giebenraths Selbstmord wird in der Erzählung selbst ausgespart. Die Beschreibung seines im Wasser treibenden Körpers erscheint stilisiert, absichtsvoll dem Bild Ophelias, der wahnsinnigen Geliebten Hamlets, nachgebildet: [...] **auf seinen dunklen dahintreibenden, schmächtigen Körper schaute die kalte, bläuliche Herbstnacht herab, mit seinen Händen und Haaren und erblaßten Lippen spielte das schwarze Wasser** (164). Dass der auktoriale Erzähler, der ansonsten im Roman das Geschehen souverän deutet und seine eigenen Kommentare allzeit deutlich kundgibt, die Ursachen für Hans' Selbstmord bewusst ungeklärt lässt, muss zu denken geben:

> Niemand wußte auch, wie er ins Wasser geraten sei. Er war vielleicht verirrt und an einer abschüssigen Stelle ausgeglitten; er hatte vielleicht trinken wollen und das Gleichgewicht verloren. Vielleicht hatte der Anblick des schönen Wassers ihn gelockt, daß er sich darüberbeugte, und da ihm Nacht und Mondblässe so voll Frieden und tiefer Rast entgegenblickten, trieb ihn Müdigkeit und Angst mit stillem Zwang in die Schatten des Todes (164).

Wozu diese absichtsvolle Verschleierung? Ist der Leser zur Deutung aufgerufen? Ohne Zweifel aktivieren die Hypothesen die Rekapitulation der Vorausdeutungen und mit ihnen des gesamten Bedeutungsrasters. Der Leser erinnert sich der unübersehbaren Todesvorausdeutungen, der Faszination Giebenraths durch das Wasser, der Bedeutung der Natur als einer elementaren Macht, Bedrohung und Erlösung zugleich.

Dass die offene Deutung des Endes als erzählerischer Kunstgriff zu interpretieren ist, beweist indirekt der Titel des Romans: *UNTERM RAD*. Der bildliche Ausdruck, der sich von der Vorstellung des Überfahrenwerdens ableitet, meint den Untergang eines Menschen durch den verderblichen Einfluss anderer. Im Roman selber wird das Scheitern des nachlässigen Schülers als drohende Gefahr apostrophiert: **Nur nicht matt werden, sonst kommt man unters Rad** (93). Für den Ephorus gilt ein leistungsschwacher Schüler, der sich den Anforderungen und der Zucht des Klosterseminars entzieht, als gescheitert. Tatsächlich aber tragen gerade die normierenden, der Entfaltung der Individualität feindlichen Erziehungsgrundsätze Maulbronns zu Hans Giebenraths Untergang bei. Elternhaus, Schule, die Gesellschaft seiner schwäbischen Heimatstadt, Erzieher und Kameraden in Maulbronn und selbst die lebenslustige Emma – sie alle haben den Untergang des Jungen mit zu verantworten. **Unterm Rad,** zerbrochen am übersteigerten Ehrgeiz seiner Erzieher, am Unverständnis seiner Mitmenschen, an der Lieblosigkeit, gescheitert in seinem Versuch, er selbst zu werden, **trieb ihn Müdigkeit und**

Angst mit stillem Zwang in die Schatten des Todes (164). Der Titel selber deutet somit bereits im Vorgriff das erzählte Geschehen.

Als Dingsymbol erscheint das Rad bereits früh im Roman als das **kleine, hölzerne Wasserrädchen**, das nun, da Hans' Kindheit gewaltsam beendet ist, **verbogen und zerbrochen** daliegt:

> Er dachte an die Zeit, da er das alles gebaut und geschnitzt und seine Freude daran gehabt hatte. Es war auch schon zwei Jahre her – eine ganze Ewigkeit. Er hob das Rädchen auf, bog daran herum, zerbrach es vollends und warf es über den Zaun. Fort mit dem Zeug, das war ja alles schon lang aus und vorbei (15).

Auch das **gußeiserne Zahnrädchen**, an dem der frisch gebackene Lehrling sich an seinem ersten Arbeitstag versuchen muss, nimmt bald schon dieselben negativen Konnotationen an: [...] **Hans fühlte sich todunglücklich, schielte den ganzen Tag nach der Uhr und kratzte hoffnungslos an seinem Rädchen herum** (153).

2.4 Aufbau und Struktur

2.4.1 Die Konfrontation der Gegensätze

HESSES Erzählung UNTERM RAD, die, wie schon der Titel vorausdeutet, den Irrweg eines jungen Menschen in seinen entscheidenden Stadien aufzeichnet, mitfühlend erhellt und zugleich grell beleuchtet, baut sich als chronologisch-biografisch entfaltete Lebensgeschichte, die etwa den Zeitraum von anderthalb Jahren umfasst, in sieben Kapiteln auf. In drei Großabschnitten entwickelt sich, zentriert jeweils auf ein beherrschendes Thema und akzentuiert durch einen länger währenden Ortswechsel, der unlösbare Lebenskonflikt Hans Giebenraths: Die beiden ersten Kapitel beleuchten die Genese des Konflikts, Kapitel 3 und 4 lassen den Prozess der Selbstentfremdung im Spiegel unterschiedlicher Erlebnisse und Begegnungen erscheinen, während die Kapitel 5 bis 7 in Hans' äußerer Rückkehr in die Heimat die unwiederbringlich verlorene Kindheit, die leere Gegenwart und die verschlossene Zukunft zeigen, in der seine Lebensfähigkeit und sein Lebenswille verlöschen. Im letzten Kapitel klingen noch einmal die drei beherrschenden Themen der Deformation durch eine verständnislose Umwelt (Kap. 1 u. 2), der Selbstentfremdung (Kap. 3 u. 4) und der Bedrohung durch die erwachende Pubertät zusammen.

Der Umfang der erzählten Zeit geht weit über den Zeitraum der geschilderten anderthalb Jahre hinaus: Erinnerungen an die Kindheit holen eine Zeitspanne von mehreren Jahren in das aktuelle Geschehen ein, sodass Hans Giebenraths gesamte Entwicklung bis zu seinem frühen Tod Gegenstand des Romans wird. Diese Geschichte einer scheiternden Selbstwerdung wird wie im Bildungs- und Entwicklungsroman, dem die Erzählung konstituierende Merkmale verdankt, vorherrschend aus einer auktorialen Erzählsituation heraus chronologisch-linear ohne Nebenhandlungen erzählt. Der allwissende Erzähler kennt die Gedanken und Gefühle seiner Figuren, er wertet ihre Handlungen und verteilt seine Sympathien unverhohlen. Er überblickt Hans Giebenraths Lebensgeschichte von ihrem Anfang bis zu ihrem verhängnisvollen Ende, schildert ihre wichtigsten Stadien, prägenden Ereignisse und bedeutsamen Szenen im Hinblick auf die Verknüpfung äußerer und innerer Ursachen, die schließlich zu Hans' Selbstmord führen.

So erscheint das Erzählen aus der Distanz des Überblicks immer schon gedeutet, die Auswahl und die Komposition der Szenen geleitet von der ordnenden Hand des Erzählers. Zwar tritt der Erzähler nur gelegentlich ausdrücklich kommentierend hervor, zwar überlässt er häufig die interpretierenden Kommentare den Romanfiguren selber und tritt zeitweilig sogar in der Realitätsbeschreibung hinter seine Figuren zurück, jedoch bleibt sein Einfluss bis in die Feinstruktur des Erzählgefüges stets gegenwärtig.

Gegensätze als Strukturelemente bilden in differenzierten Abstufungen das wichtigste Gestaltungsmittel in dieser Erzählung. Der einfache Gegensatz zwischen dem Recht des Einzelnen auf eine ungestörte physische und psychische Entwicklung und den Zwängen einer spießigen, irregeleiteten gesellschaftlichen Umwelt wird immer wieder scharf herausgestellt. Die uneigentliche Aussageform der Ironie vertieft und akzentuiert den Gegensatz und artikuliert zugleich die Kritik an einer Menschen missachtenden Erziehung.

> Dem Rektor war es ein inniges Vergnügen gewesen, diesen von ihm geweckten, schönen Ehrgeiz zu leiten und wachsen zu sehen. Man sage nicht, Schulmeister haben kein Herz und seien verknöcherte und entseelte Pedanten! O nein, wenn ein Lehrer sieht, wie eines Kindes lange erfolglos gereiztes Talent hervorbricht, wie ein Knabe Holzsäbel und Schleuder und Bogen und die anderen kindischen Spielereien ablegt, wie er vorwärtszustreben beginnt, wie der Ernst der Arbeit aus einem rauhen Pausback einen feinen, ernsten und fast asketischen Knaben macht, wie sein Gesicht älter und geistiger, sein Blick tiefer und zielbewußter, seine Hand weißer und stiller wird, dann lacht ihm die Seele vor Freude und Stolz. Seine Pflicht und sein ihm vom Staat überantworteter Beruf ist es, in dem jungen Knaben die rohen Kräfte und Begierden der Natur zu bändigen und auszurotten und an ihre Stelle stille, mäßige und staatlich anerkannte Ideale zu pflanzen. Wie mancher, der jetzt ein zufriedener Bürger und strebsamer Beamter ist, wäre ohne diese Bemühungen der Schule zu einem haltlos stürmenden Neuerer oder unfruchtbar sinnenden Träumer geworden! (46)

Der grundlegende Gegensatz zwischen der geahnten Selbstbestimmung des Menschen, seiner lebendigen Entfaltung und der Verkehrung dieser Entwicklungsziele durch die Erziehungsinstitutionen durchzieht den gesamten Roman. Ihm sind manche andere Gegensatzpaare zugeordnet. So erlebt Hans wiederholt schmerzhaft den Kontrast zwischen der Vergangenheit mit ihrer kindlichen Ungebundenheit und der Gegenwart mit ihren Zwängen und Forderungen. Aus der permanenten Überforderung, die seine Gesundheit untergräbt und seine Seele fesselt, flüchtet sich der hilflose Junge oft in die Erinnerungen an die Kindheit und in die Natur als den einzigen Ort, an dem er sich noch ungeteilt, fühlend und handelnd mit sich selber im Einklang erfahren kann:

> Langsam gegen die schwache Strömung schwimmend, fühlte er Schweiß und Angst dieser letzten Tage von sich gleiten, und während seinen schmächtigen Leib der Fluß kühlend umarmte, nahm seine Seele mit neuer Lust von der schönen Heimat Besitz (26).

Auch hier gewinnt die Idylle eines unentfremdeten Lebens ihren Glanz gerade durch ihre Bedrohung.

Dem Gegensatz zwischen der individuellen Entfaltung des Subjekts und seiner Deformation durch gesellschaftlichen Zwang korrespondiert der Kontrast zwischen den ehrgeizigen und selbstgefälligen Erziehern Hans Giebenraths und dem einfachen, warmherzigen Schuster Flaig. Der überzeugte Pietist und **Stundenbruder** Flaig erinnert an den visionären Mystiker Jakob Böhme, einen einfachen Schuster wie Flaig, der wie dieser die theologische Wissenschaft des bloß vernunftmäßigen Denkens bezichtigte, das sich der Offenbarung Gottes verschließe.

Mit dieser Anspielung setzt HESSE trotz seiner heftigen Revolte gegen die sinnenfeindliche, rigoros pietistische Tradition des Elternhauses dem Pietismus in seiner ursprünglichen Ausprägung, seiner Nachfolge Christi und seiner innigen Gottesverbundenheit, ein Denkmal. Der Pietist Flaig wird zum Mahner inmitten einer durch Ehrgeiz und irregeleitete Gelehrsamkeit entmenschlichten Gesellschaft.

Besonders der Stadtpfarrer und der Schuster werden einander wiederholt gegenübergestellt. So versucht Flaig dem Jungen die Angst vor dem bevorstehenden Examen zu nehmen, indem er die Bedeutung dieser Prüfung relativiert:

> [...] der Endzweck seiner Rede war aber, darauf hinzuweisen, daß so ein Examen doch nur etwas Äußerliches und Zufälliges sei. Durchzufallen sei keine Schande, das könne dem Besten passieren, und falls es ihm so gehen sollte, möge er bedenken, daß Gott mit jeder Seele seine besonderen Absichten habe und sie eigene Wege führe (14).

Der Stadtpfarrer dagegen macht keinen Hehl daraus, dass er das Landexamen als eine existenzielle Bewährungsprobe betrachtet:

> ›Durchfallen ist einfach unmöglich. Einfach unmöglich! Sind das Gedanken!‹
> ›Ich meine nur, es könnte ja doch sein [...]‹
> ›Es kann nicht, Hans, es kann nicht; darüber sei ganz beruhigt‹. (14–15)

Und während der Schuster mit seiner Familie für den Examenskandidaten betet, spekuliert der Stadtpfarrer bereits auf den Glanz, der von Hans' künftigem Ruhm auf ihn, seinen Förderer, abfallen wird. Mitunter steigert sich die Ironie zum Sarkasmus, jenem bitteren Hohn, der in dieser Erzählung die Missstände der Erziehung anprangert. So mündet die idyllische Schilderung des Klosters Maulbronn in eine scharfe Anklage:

> Auf diesem Platz hat schon mancher sich gedacht, hier wäre der Ort für ein tüchtiges Stück Leben und Freude, hier müßte etwas Lebendiges, Beglückendes wachsen können, hier müßten reife und gute Menschen ihre freudigen Gedanken denken und schöne, heitere Werke schaffen. Seit langer Zeit hat man dies herrliche, weltfern gelegene, hinter Hügeln und Wäldern verborgene Kloster den Schülern des protestantisch-theologischen Seminars eingeräumt, damit Schönheit und Ruhe die empfänglichen jungen Gemüter umgebe. Zugleich sind dort die jungen Leute den zerstreuenden Einflüssen der Städte und des Familienlebens entzogen und bleiben vor dem schädigenden Anblick des tätigen Lebens bewahrt. Es wird dadurch ermöglicht, den Jünglingen jahrelang das Studium der hebräischen und griechischen Sprache samt Nebenfächern allen Ernstes als Lebensziel erscheinen zu lassen, den ganzen Durst der jungen Seelen reinen und idealen Studien und Genüssen zuzuwenden (53–54).

Entlarvung ist hier wie auch in der Kontrastierung der Figuren der Hauptzweck der ironischen Darstellung. Allerdings vermögen die Gegensätze in den seltensten Fällen auch eine positive Auszeichnung zu akzentuieren. So erstaunt Hermann Heilner seine Kameraden durch seine unverstellten Gefühlsäußerungen:

> Plötzlich brachen ihm Tränen aus den Augen, eine um die andere und immer mehr. Das war unerhört, denn Weinen galt ohne Zweifel für das Allerschimpflichste, was ein Seminarist tun konnte. Und er tat gar nichts, es zu verbergen (70).

Heilner, der sich als Außenseiter den Normen und Erwartungen seiner Kameraden kaum verpflichtet fühlt, kann sich über ihren Spott hinwegsetzen und sich auch unter dem Konformitätsdruck des Klosterlebens seine Freiheit bewahren. In seiner Unabhängigkeit, seiner produktiven Fantasie und seiner Ich-Stärke wird Hermann Heilner so zu Hans Giebenraths Gegenpol; in ihm gewinnt jene Möglichkeit der Selbstbefreiung Gestalt, zu der Hans die nötige Kraft fehlt.

Eine Besonderheit in der Figurenkonstellation dieses Romans, die sich auch in anderen Werken HESSES wiederfindet, ist die Präfiguration. Eine wichtige Einflussfigur im Leben des Helden wird durch eine Figur aus der Kindheit oder der frühen Jugend vorgebildet; die Erinnerung an sie trägt zur Interpretation der späteren Begegnung bei. Man erinnere sich etwa an die Ähnlichkeit Hermines mit Harry Hallers Jugendfreund Hermann im *STEPPENWOLF*.

So lernt Hans Giebenrath in der Kinderfreundschaft mit dem verkrüppelten Hermann Rechtenheil, der bereits in der Namensgebung als Vorläufer Hermann Heilners erscheint, das Angeln, das ihm für lange Zeit der Inbegriff freier, freudiger, unentfremdeter Tätigkeit bleiben wird. Erst in der Freundschaft mit Hermann Heilner erlebt er nach langer Zeit der Selbstentfremdung wieder ein neues **Glücksgefühl, ein erhöhtes wärmeres Leben** (94).

Auch Emma, die junge Heilbronnerin, in die Hans sich verliebt, hat eine Vorgängerin gleichen Namens, die der Zwölfjährige aus der Ferne verehrte, aus Schüchternheit aber nie anzusprechen wagte. Beide Beziehungen können sich nicht entwickeln, weil Hans nicht zur Kommunikation in der Liebe fähig ist; als Knabe kann er seine Hemmungen nicht überwinden, als Jugendlicher lähmt ihn die Angst vor der eigenen Sinnlichkeit.

Der Kontrastierung der Figuren entspricht eine Gegenüberstellung einander entgegengesetzter Räume. Am eindrücklichsten werden diese **zwei Welten** in Hans' Kindheitserinnerungen lebendig:

> **Das Giebenrathsche Haus stand nahe bei der alten steinernen Brücke und bildete die Ecke zwischen zwei sehr verschiedenartigen Gassen. Die eine, zu welcher das Haus gerechnet wurde und gehörte, war die längste, breiteste und vornehmste der Stadt und hieß Gerbergasse. Die zweite führte jäh bergan, war kurz, schmal und elend und hieß ›Zum Falken‹ nach einem uralten, längst eingegangenen Wirtshaus, dessen Schild ein Falke gewesen war** (118).

Beide Lebensbereiche haben Hans geprägt: das Elternhaus in der soliden, gutbürgerlichen Gerbergasse und die Schrecken, Abenteuer und **schmerzhaft köstlichen Schauer** im **Falken** und in der unheimlichen Gerberei. Im *DEMIAN* wird die Polarisierung der Welt in eine **helle** und eine **dunkle** Hälfte, die in *UNTERM RAD* nur in wenigen Skizzen angedeutet ist, den Lebenskonflikt Emil Sinclairs versinnbildlichen.

Obwohl sich die kontrastierende Darstellung in dieser Erzählung zum wichtigsten Gestaltungsmittel entwickelt, bewahren die im Detail und im Gefühlsausdruck präzisen Naturschilderungen die Lebensgeschichte Hans Giebenraths vor dem Schematismus mancher späterer Romane HERMANN HESSES. So ist etwa sein *DEMIAN*, in dem das Aufeinanderprallen der Gegensätze den Grundkonflikt und zugleich das vorherrschende Gestaltungsmittel ausmacht, geprägt von einer absichtsvollen Ortlosigkeit und einem fast vollständigen Verzicht auf konkrete Anschaulichkeit. Zugleich erscheint der Entwicklungskonflikt Emil Sinclairs derart mit Bedeutsamkeit aufgeladen, dass der Roman zum weltanschaulichen Exempel tendiert.

Die Opposition der Gegensätze ist hier jederzeit vom Schematismus bedroht.

In UNTERM RAD dagegen gewinnen die Naturschilderungen, die Kindheitserinnerungen und manche Charaktere ein Eigenleben, das ihre Bedeutung nicht restlos im Romankontext aufgehen lässt. Auch manche andere frühere Romane Hesses, insbesondere PETER CAMENZIND, zollen ihren Tribut einer Realität, die nicht wie in manchen späteren Romanen zur Kulisse weltanschaulicher Auseinandersetzungen entwirklicht ist.

2.4.2 Die Rolle der Naturschilderungen

Bei dem Versuch, Hans Giebenraths Lebensgeschichte zu rekonstruieren, zeigt sich deutlich, dass die Beschreibung des äußeren und inneren Geschehens zwar Ursachen aufdecken und Motivationen erhellen kann, die Faszination, die von diesem frühen Roman HESSES ausgeht, dagegen kaum erklärt. Es ist nicht allein das ergreifende Schicksal Giebenraths, das den Leser gefangen nimmt, nicht die schonungslose Entlarvung seiner Umwelt, die ihn fesselt, sondern der atmosphärische Reiz der in ihrer Farbgebung, in ihren Abschattungen und in ihrer Komposition in sich stimmigen Szenen. Dies gilt für die Naturbeschreibungen ebenso wie für die Kindheitserinnerungen. Ihre intensive Leuchtkraft gewinnen beide gerade durch ihre Vergänglichkeit: Die Kindheitsszenen tauchen als verklärte Erinnerung noch einmal ins Bewusstsein empor; die Natur bietet dem gehetzten Jungen Hans Giebenrath vorübergehende Zuflucht, eine Geborgenheit, aus der ihn seine Erzieher schon bald rücksichtslos herausreißen. Der Wechsel zwischen den impressionistischen Naturszenen in ihrer Leuchtkraft, dem melancholischen, gebrochenen Ton bei der Schilderung des Leidenswegs, den der irregeleitete Knabe Schritt für Schritt bis in den Tod geht, und der sarkastischen Anklage gegen die Erzieher schafft eine zusätzliche stilistische Spannung.

Bereits der betonte Wechsel der Jahreszeiten in diesem Roman lässt vermuten, dass die Natur für Hans Giebenrath mehr bedeutet als nur eine Kulisse für seine Entwicklung. Das entscheidende Landexamen findet mitten im drückend heißen Sommer statt; Hans' letzte unbeschwerte Ferientage nach bestandener Prüfung sind durchglüht von der Wärme des Hochsommers: **So müssen Sommerferien sein! Über den Bergen ein enzianblauer Himmel, wochenlang ein strahlend heißer Tag am andern, nur zuweilen ein heftiges, kurzes Gewitter** (32).

Im Herbst tritt Hans ins Kloster Maulbronn ein und wieder begleitet und spiegelt das Wirken der Natur sein inneres Leben (66). Während im Frühling das Aufkeimen unbekannter drängender innerer Kräfte den Heranwachsenden ganz gefangen nimmt, bricht im Sommer das **überhetzte**

Rößlein (109) zusammen. Das Unherstreifen im Wald jedoch kann die **beschädigte Seele** (112) nur für Augenblicke erleichtern. Zuflucht und Geborgenheit gewährt ihm die Natur nicht mehr. So erliegt der Junge, dem Inhalt und Ziel seines Lebens verloren sind, der Melancholie des Herbstes:

> Die Neige des Herbstes, der stille Blätterfall, das Braunwerden der Wiesen, der dichte Frühnebel, das reife, müde Sterbenwollen der Vegetation trieb ihn, wie alle Kranken, in schwere, hoffnungslose Stimmungen und traurige Gedanken (126).

Jedoch kündet der Herbst nicht nur das Vergehen der Natur an, er lässt auch im Überfluss der Ernte, in der Leuchtkraft der Farben und in dem klaren Glanz der Herbstsonne die Lebenskraft noch einmal hervorbrechen. So begleitet die vergehende, in ihrer **reinen, farbig satten Schönheit** (135) noch einmal aufleuchtende Natur den todesmüden, im Erwachen seiner Liebeskraft beglückten und zerrissenen Knaben.

Während die Naturszenen einerseits Hans Giebenraths Gefühlslage spiegeln, erscheint die Natur andererseits als Refugium des unentfremdeten Daseins. Beim Angeln, beim Baden im Fluss, beim Umherstreifen im Wald findet Hans sein inneres Gleichgewicht wieder, fallen die Sorgen und Ängste von ihm ab. Deutlich sind diese Naturszenen in ihrer genauen Zeichnung kleinster Details, ihrer Anschaulichkeit und ihrer eindringlichen Geschlossenheit als Gegenbilder der heillosen Gesellschaft entworfen. Wie eine harmonische Gegenwelt, die ihren Wert in sich selber trägt, entfaltet sich die Natur in diesem Roman.

Jedoch wird die Natur nicht nur als harmonische Gegenwelt aufgefasst, sondern als elementare Kraft, als vitale Lebensquelle schlechthin. Sich mit ihr zu messen, beim Angeln, beim Schwimmen, weckt Lebenskraft und Lebensfreude. Die glühende Sommerhitze, die Mittagsstille, das Rauschen des Wassers ziehen den Knaben ganz in ihren Bann, lassen ihn sich selbst als Teil der ungebrochenen Natur erleben.

Der Mensch als Teil der Natur, vor dem zerstörerischen Eingriff der Erziehung und der Zivilisation, erschien bereits in PETER CAMENZIND als Gegenpol einer verbildeten, zivilisationsmüden Gesellschaft. In diesem problematisch empfundenen Gegensatz von Natur und Geist – mag es der Geist einer lebensfernen Bildung sein, der Geist der modernen technischen Errungenschaften oder der müde Geist der Décadence – variiert HERMANN HESSE ein zentrales Thema der Literatur seiner eigenen Zeit: den Gegensatz zwischen Kunst und Leben. Thomas Manns Novelle TONIO KRÖGER (1903), die Geschichte eines Außenseiters und Künstlers, ist wohl die berühmteste Gestaltung dieser Antinomie.

Der **natürliche** Mensch, in dem die ungebändigten Kräfte der Natur ungehindert wirken, **ist ein Urwald ohne Weg und Ordnung** (47). Ihn zu zerstören, seine elementare Kraft zu brechen und seinen Willen zu zähmen nennt HESSE in bitterem Groll die eigentliche Aufgabe der Schule:

> Es war etwas in ihm, etwas Wildes, Regelloses, Kulturloses, das mußte erst zerbrochen werden, eine gefährliche Flamme, die mußte erst gelöscht und ausgetreten werden. Der Mensch, wie ihn die Natur erschafft, ist etwas Unberechenbares, Undurchsichtiges, Gefährliches. Er ist ein von unbekanntem Berge herbrechender Strom und ist ein Urwald ohne Weg und Ordnung. Und wie ein Urwald gelichtet und gereinigt und gewaltsam eingeschränkt werden muß, so muß die Schule den natürlichen Menschen zerbrechen, besiegen und gewaltsam einschränken; ihre Aufgabe ist es, ihn nach obrigkeitlicherseits gebilligten Grundsätzen zu einem nützlichen Gliede der Gesellschaft zu machen und die Eigenschaften in ihm zu wecken, deren völlige Ausbildung alsdann die sorgfältige Zucht der Kaserne krönend beendigt (46–47).

Das Bild des Waldes für das kreatürliche menschliche Selbst taucht im Roman wiederholt auf. Der kranke Hans Giebenrath sucht nach seiner Rückkehr aus Maulbronn seine Zuflucht im Wald; hier erlebt er noch einmal Augenblicke **der ehemaligen Knabenseligkeit** (112), und hier wählt er seine **Sterbestätte** (114). Deutlich erscheint hier der Tod wie auch später in der Beschreibung des Ertrunkenen als Erlösung durch das Einvernehmen mit der Natur.

Eine ähnliche Intensität wie die Naturschilderungen gewinnen die Kindheitserinnerungen Hans Giebenraths, aufsteigend aus einem **Walde von Erinnerungen** (118), die an den Wendepunkten seiner inneren Entwicklung eindringlich vergegenwärtigt werden. So durchlebt der gescheiterte Schüler nach seiner Rückkehr in die Heimat eine **unwirkliche zweite Kinderzeit** (117):

> Sein um die Kindheit bestohlenes Gemüt floh jetzt mit plötzlich ausbrechender Sehnsucht in jene schönen dämmernden Jahre zurück und irrte verzaubert in einem Walde von Erinnerungen umher, deren Stärke und Deutlichkeit vielleicht krankhaft war (117–118).

Auch dieses Reich der Märchen und Wunder, des Gespensterwesens und der Zauberei ist wie die Natur als Gegenwelt dem Alltag der Philister, ihren starren Zwängen und Normen entgegengesetzt. Jedoch gelingt Hans Giebenrath die Flucht in die heimlichen Freuden der Kindheit nicht länger. Die verklärte Erinnerung lockt ihn zwar noch immer, jedoch empfindet er deutlich eine unüberbrückbare Fremdheit: **Er spürte, daß er doch nicht wieder ein Kind werden und abends im Gerbergarten bei der Liese sitzen konnte** [...] (125). Auch hier benennen die Gegenbilder, aus denen ihm kein Trost und keine Hilfe mehr entgegenkommt, vor allem den Verlust, den sein Gemüt erlitten hat. Auf diese Weise tragen die Gegenwelten der Natur und der unentfremdeten Kindheit mit dazu bei, den Kreis der Vereinsamung und Ausweglosigkeit immer enger um Hans Giebenrath zu ziehen. Indem ihm jede alternative Lebensmöglichkeit verstellt ist, selbst die Kommunikation in der Liebe, seiner letzten Glück verheißenden Erfahrung, in **Todesmüdigkeit und Pein** scheitert (139), bleibt ihm zuletzt nur noch der Tod.

2.4.3 Die Erzählhaltung

Vergleichen wir die Erzählsituation in UNTERM RAD und in DEMIAN, so fällt zunächst die größere Distanz des auktorialen Erzählers auf. Der Ich-Erzähler des DEMIAN beansprucht für sich allein die gültige Deutung des Geschehens, während der auktoriale Erzähler in UNTERM RAD Beurteilung und Interpretation durch unterschiedliche Medien vermittelt. In seinen ausdrücklichen Kommentaren und aktuellen Deutungen ist der allwissende Erzähler unmittelbar anwesend, im Arrangement des Textes, etwa in der Verdeutlichung des Konflikts durch Gegensätze, in ironischen und sarkastischen Schilderungen und in den die Katastrophe antizipierenden Vorausdeutungen erscheint er mittelbar.

So wird etwa Hans Giebenraths Liebe zum Wasser, seine Freude am Angeln und Schwimmen, seine Zwiesprache mit der Natur schon früh im Roman als positives Gegengewicht zum Leistungsdruck der Schule aufgebaut. Das **tiefe, ruhige Wasser** (12), dessen Wellen ihn von der Angst seines Alltags erlösen, ist zwar hier noch ganz das Element, dem er sich gelöst und freudig hingibt, jedoch schwingt bereits in dieser Hingabe die Selbstaufgabe des Endes mit. Hindingers Unfall setzt dann das erste deutliche Zeichen einer heraufziehenden Gefahr. Aufgenommen und variiert wird die Vorausdeutung auf Giebenraths Tod im Wasser wenig später durch den mitfühlenden Erzähler, der Hans' Verzweiflung ins Bild einer ertrinkenden Seele fasst: **Keiner, außer vielleicht jenem mitleidigen Repetenten, sah hinter dem hilflosen Lächeln des schmalen Knabengesichts eine untergehende Seele leiden und im Ertrinken angstvoll und verzweifelnd um sich blicken** (109). Hans Giebenrath Tod erscheint schließlich wie die Rückkehr der Kreatur in ihren eigentlichen Lebensraum, wie die Erlösung des Verzweifelten durch die Natur.

> Zu derselben Zeit trieb der so bedrohte Hans schon kühl und still und langsam im dunklen Flusse talabwärts. Ekel, Scham und Leid waren von ihm genommen, auf seinen dunkel dahintreibenden, schmächtigen Körper schaute die kalte, bläuliche Herbstnacht herab, mit seinen Händen und Haaren und erblaßten Lippen spielte das schwarze Wasser (164).

Beschreibung, Deutung und indirekte Wertung verschmelzen hier zu einer untrennbaren Einheit.

Dieser deutlich konturierten Haltung des Erzählers treten Figurenkommentare zur Seite, die die Interpretation des Erzählers bekräftigen: die in ihrem Ehrgeiz fehlgeleiteten Erzieher, indem sie sich in ihren hohlen Phrasen selbst entlarven, der Schuster Flaig und Hermann Heilner dagegen, indem sie Hans' Gefährdung ahnen und ihm auf ihre Weise zu helfen versuchen.

Während die Wahrnehmung und Selbstdeutung der Zentralfigur vorwiegend durch den Erzähler vermittelt wiedergegeben wird, zeigen sich doch hin und wieder bereits Ansätze eines psychologischen Erzählens, das im DEMIAN voll entfaltet wird. Die Schilderung der äußeren Realität, gefiltert durch die Empfindung einer Figur, zeichnet sich bereits in diesem frühen Roman ab. So wird etwa Hans' Begegnung mit der Stadt Stuttgart in kurzen Intervallen in drei unterschiedlichen Eindrücken wiedergegeben:

> Hans aber wurde stiller und ängstlicher, eine tiefe Beklemmung ergriff ihn beim Anblick der Stadt; die fremden Gesichter, die protzig hohen, aufgedonnerten Häuser, die langen, ermüdenden Wege, die Pferdebahnen und der Straßenlärm verschüchterten ihn und taten ihm weh (18).

> Zwar verfehlte er darauf den Weg zum Haus der Tante und irrte zwei Stunden in den heißen Stadtstraßen umher, doch störte ihm das sein wiedergefundenes Gleichgewicht nicht erheblich; er war sogar froh, der Tante und dem Vater noch für eine Weile zu entrinnen, und kam sich, durch die fremden, lärmigen Residenzstraßen wandernd, wie ein waghalsiger Abenteurer vor (21).

> Als er durch die Straßen schritt, kam es ihm vor, als sei er schon wochenlang hier und könne nie mehr wegkommen (24).

Während den Neuankömmling zunächst die Konfrontation mit der fremden, unüberschaubaren Großstadt ängstigt, fühlt er sich nach einer gelungenen Examensklausur der Herausforderung durch die neue Umgebung durchaus gewachsen. Nach einer schwierigen mündlichen Prüfung, die ihn verunsichert und mutlos zurücklässt, erlebt er dagegen die Stadt als Gefängnis, dem er nicht entrinnen kann.

Eine solche Brechung der Wahrnehmung durch ein einzelnes Bewusstsein begegnet im DEMIAN als Grundform des durch die individuelle Psyche geformten Erzählens. Während im DEMIAN die Perspektive und der Ausdruckswille des Subjekts dominieren, deutet sich in UNTERM RAD die Perspektivierung der Wahrnehmung lediglich als eine Erzählmöglichkeit unter anderen an. Durch ihre Gegenständlichkeit, ihre genaue Beobachtung und die ordnende Hand des auktorialen Erzählers ist diese frühe Erzählung ansonsten noch in die Erzähltradition des deutschen Bildungs- und Entwicklungsromans eingebunden. Diese Romanform setzt eine Weltordnung voraus, in die das einzelne Schicksal sich einfügt, indem es als ein einzelnes das Sinngefüge des Weltganzen indirekt bestätigt. Getragen und vermittelt wird die Sinndeutung im auktorialen Entwicklungsroman vom Erzähler. In Hans Giebenraths Lebensgeschichte, in der kurzen, krisengeschüttelten

Phase seines Lebens, die wir miterleben, bleibt diese eindeutige Sinngebung aus. Wird Hans Giebenrath ein Opfer seiner verständnislosen Umwelt, enwirft der Roman seines Scheiterns ein anklagendes Bild des durch gesellschaftlichen Zwang zerstörten Individuums oder scheitert der Heranwachsende nicht viel eher an seiner eigenen psychischen Labilität, seiner Unfähigkeit, mit sich selber in Einklang zu leben?

Beide Hypothesen finden im Text ihre Bestätigung. Die scharfen Angriffe gegen Giebenraths verständnislose Erzieher, die sarkastische Schilderung des Klosterlebens und die pointierte Entgegensetzung der destruktiven gesellschaftlichen Einflüsse und der heilenden Kraft der Natur lassen den Jungen als ein bedauernswertes Opfer einer Menschen verachtenden philisterhaften Umwelt erscheinen.

Andererseits wird gerade in der Gestalt Hermann Heilners, Giebenraths Alter Ego, der wie Max Demian den Freund verunsichert und zugleich seinem Denken und Fühlen eine neue Richtung gibt, ein Außenseiter geschildert, der sich in seiner Besonderheit gegen die Zwänge seiner Umwelt zu behaupten weiß, weil er von ihrer Billigung und ihrer Unterstützung unabhängig ist. Hans Giebenrath dagegen ist in seiner emotionalen Entwicklung gestört, von seiner Vergangenheit abrupt getrennt und in seinem übersteigerten Ehrgeiz sich selber entfremdet worden. So liegen zwar die Ursachen seines Scheiterns in den zerstörerischen Einflüssen seiner Umwelt, jedoch ist es am Ende das gestörte Verhältnis zu sich selber, das den Außenseiter zugrunde richtet. Gesellschaftliche Anklage und psychologische Skizze verbinden sich in diesem frühen Roman Hesses zu einer überzeugenden Einheit.

2.4.4 Die Sprache

Zwei in ihrem Charakter und in ihrer Intention deutlich unterschiedliche Sprachstile erzeugen in ihrem Gegenspiel die spannungsvolle Eigenart dieses Romans: die Sprache der Ironie und die Sprache der Einfühlung. Während die Ironie der Entlarvung dient, befördert die Sprache der Einfühlung die Identifikation des Lesers mit der Zentralfigur. Die uneigentliche Aussageform der Ironie stellt drastisch im Gegenbild der schlechten Realität die Utopie einer besseren, menschlicheren Gesellschaft vor Augen:

> Dem Rektor war es ein inniges Vergnügen gewesen, diesen von ihm geweckten, schönen Ehrgeiz zu leiten und wachsen zu sehen [...] Seine Pflicht und sein ihm vom Staat überantworteter Beruf is es, in dem jungen Knaben die rohen Kräfte und Begierden der Natur zu bändigen und auszurotten und an ihre Stelle stille, mäßige und staatlich anerkannte Ideale zu pflanzen [...] Es war etwas in ihm, etwas Wildes, Regelloses, Kulturloses, das mußte erst zerbrochen werden, eine gefährliche Flamme, die mußte erst gelöscht und

ausgerottet werden. Der Mensch, wie die Natur ihn erschafft, ist etwas Unberechenbares, Undurchsichtiges, Gefährliches […] Und wie ein Urwald gelichtet und gereinigt und gewaltsam eingeschränkt werden muß, so muß die Schule den natürlichen Menschen zerbrechen, besiegen und gewaltsam einschränken; ihre Aufgabe ist es, ihn nach obrigkeitlicherseits gebilligten Grundsätzen zu einem nützlichen Gliede der Gesellschaft zu machen und die Eigenschaften in ihm zu wecken, deren völlige Ausbildung alsdann die sorgfältige Zucht der Kaserne krönend beendigt (46–47).

Sprachliche Doppelungen, Ausdruckshäufungen und die additive Fügung verwandter Begriffe und Bilder, deren Wortfelder sich partiell überschneiden, sprachliche Eigenarten, die fast in jedem Text HERMANN HESSES begegnen, dienen hier nicht der gedanklichen Präzisierung, sondern pointieren nachdrücklich den zugrunde liegenden Gegensatz von menschlicher Selbstbestimmung und deren Verkehrung durch die Erziehungsinstitutionen. Trotz ihrer Redundanz bleibt die Sprache der Ironie jedoch vorwiegend begrifflich, argumentativ, denn sie wendet sich in erster Linie an den Verstand. Entlarvung und vehemente Anklage beherrschen die ironischen, mitunter in ihrer Bitterkeit zum Sarkasmus gesteigerten Passagen.

Demgegenüber sind die lyrisch-elegischen Klagen über den Untergang des jungen Hans Giebenrath von verhaltenem Pathos getragen:

In dieser Not und Verlassenheit trat dem kranken Knaben ein anderes Gespenst als trügerischer Tröster nahe und wurde ihm allmählich vertraut und notwendig. Das war der Gedanke an den Tod […] Das Schicksal ließ ihn sich seiner finsteren Absichten erfreuen und schaute zu, wie er aus dem Kelch des Todes täglich ein paar Tropfen der Lust und Lebenskraft genoß. Es mochte ja wenig an diesem verstümmelten jungen Wesen gelegen sein, aber seinen Kreis sollte es doch erst vollenden und nicht vom Plan verschwinden, ehe es noch ein wenig von der bitteren Süße des Lebens geschmeckt hätte […] Wenn ein Baum entgipfelt wird, treibt er gern in Wurzelnähe neue Sprossen hervor, und so kehrt oft auch eine Seele, die in der Blüte krank wurde und verdarb, in die frühlingshafte Zeit der Anfänge und ahnungsvollen Kindheit zurück, als könnte sie dort neue Hoffnungen entdecken und den abgebrochenen Lebensfaden aufs neue anknüpfen. Die Wurzelsprossen geilen saftig und eilig auf, aber es ist ein Scheinleben, und es wird nie wieder ein rechter Baum daraus (114, 115, 118).

Ausdruckshäufungen begegnen auch hier als auffallendstes stilistisches Mittel der Intensivierung; jedoch erzeugen die gewählten Bilder eine Atmosphäre der Melancholie, die sich dem mitleidenden Leser als Stimmung mitteilt. Die **Tropfen der Lust und Lebenskraft** und der **Kelch des Todes**, die emportreibenden **Wurzelsprossen**, der **entgipfelte Baum** und die **verdorbene Blüte** lassen den noch einmal aufbrechenden Lebenswillen des Knaben unter dem Zeichen der endgültigen Vergeblichkeit erscheinen.

Die Sprache der Einfühlung prägt besonders jene Passagen des Romans, in denen das Wirken der äußeren Natur und die Empfindungen der Seele korrespondieren:

> Nun lief er in den Herbstfeldern umher und erlag dem Einfluß der Jahreszeit. Die Neige des Herbstes, der stille Blätterfall, das Braunwerden der Wiesen, der dichte Frühnebel, das reife, müde Sterbenwollen der Vegetation trieb ihn, wie alle Kranken, in schwere, hoffnungslose Stimmungen und traurige Gedanken. Er fühlte den Wunsch, mit zu vergehen, mit einzuschlafen, mit zu sterben, und litt darunter, daß seine Jugend dem widersprach und mit stiller Zähigkeit am Leben hing (126).

Diese Naturszenen und **subjektiven Seelenlandschaften**[72], in denen eine bereits durch den Menschen gedeutete Natur seine Stimmungen spiegelt, appellieren an die Identifikationsbereitschaft des Lesers wie zuvor die ironischen Passagen seinen Verstand in ihren Dienst stellten. Beide Sprachformen können in ihrer Intentionalität als lesergerichtete Strategien gelten.

Ihnen gegenüber behauptet sich aber in *UNTERM RAD* eine eigenständige Form der Naturszene, die durch ihre sinnliche Präsenz besticht. Die Natur als Gegenbild der heillosen Gesellschaft entfaltet sich in der scheinbar absichtslosen Fülle sinnlicher Eindrücke.

> So müssen Sommerferien sein! Über den Bergen ein enzianblauer Himmel, wochenlang ein strahlend heißer Tag am anderen, nur zuweilen ein heftiges, kurzes Gewitter. [...] Rings um das Städtchen her war Heu- und Öhmdgeruch, die schmalen Bänder der paar Kornäcker wurden gelb und goldbraun, an den Bächen geilten mannshoch die weißblühenden, schierlingartigen Pflanzen, deren Blüten schirmförmig und stets von winzigen Käfern bedeckt sind. [...] An den Waldrändern prunkten lange Reihen von wolligen, gelbblühenden, majestätischen Königskerzen, Weiderich und Weidenröschen wiegten sich auf ihren schlanken, zähen Stielen und bedeckten ganze Abhänge mit ihrem violetten Rot [...] Daneben die vielerlei Pilze: der rote, leuchtende Fliegenschwamm, der fette, breite Steinpilz, der abenteuerliche Bocksbart, der rote, vielästige Korallenpilz; und der sonderbar farblose, kränklich feiste Fichtenspargel [...] und über die Wiesen hin läuteten endlos die hohen, schmetternden, nie ermüdenden Zikadenlieder (32).

Minutiöse Detailbeschreibungen und feinste Abschattungen erzeugen jenes stimmige Naturbild, in dem Präzision und Intensität einander bedingen. Während der optische Eindruck, insbesondere die Farbimpression, das Bild beherrscht, ergänzen Geräusche und Gerüche den Sinneseindruck des Lesers, der gleichsam mit den Augen des Erzählers die Sommerlandschaft betrachtet und erlebt. Anders als in den stets schon gedeuteten Stimmungsbildern, die sich der Einfühlung des Lesers vergewissern, suchen diese Szenen die geschaute Natur in ihrer sinnlichen Präsenz so präzis, wie es die Sprache nur vermag, abzubilden und zugleich die subjektive Betroffenheit des Betrachters in diesem Abbild aufzubewahren. Am eindrücklichsten erscheint diese Subjektivität der Wahrnehmung in der Beschreibung der verschiedenen Sommerpilze. Beobachtung und Beschreibung meinen hier nicht etwa die Präzision eines ebenfalls denkbaren naturwissenschaftlichen Abbilds, sondern die Vermittlung einer vom Menschen erlebten Natur.

Ein kurzer Vergleich mit einer der ganz wenigen Naturszenen in HESSES *DEMIAN* mag dessen gänzlich veränderte Erzählsituation verdeutlichen. Unmittelbar bevor Sinclair die Nachricht vom Ausbruch des Krieges erreicht, gerät er in ein Gewitter, dessen Anblick für ihn zum Vorboten des Schicksals wird.

> Ich ging und lief von Haus und Stadt hinweg gegen die Berge, der schräge dünne Regen kam mir entgegen, die Wolken trieben niedrig unter schwerem Druck wie in Angst vorüber. Unten ging kaum ein Wind, in der Höhe schien es zu stürmen, mehrmals brach für Augenblicke die Sonne bleich und grell aus dem stählernen Wolkengrau.
> Da kam über den Himmel weg eine lockere gelbe Wolke getrieben, sie staute sich gegen die graue Wand und der Wind formte in wenigen Sekunden aus dem Gelben und dem Blauen ein Bild, einen riesengroßen Vogel, der sich aus blauem Wirrwarr losriß und mit weiten Flügelschlägen in den Himmel hinein verschwand. Dann wurde der Sturm hörbar, und Regen prasselte mit Hagel vermischt herab. Ein kurzer, unwahrscheinlich und schreckhaft tönender Donner krachte über der gepeitschten Landschaft, gleich darauf brach wieder ein Sonnenblick durch und auf den nahen Bergen überm braunen Wald leuchtete fahl und unwirklich der bleiche Schnee (180).

Demians gesamte folgende Deutung des Kriegsgeschehens ist in dieser Szene vorgebildet. Ein **schwerer Druck**, Ausdruck der Angst, lastet auf dem Bild; **in der Höhe**, der Schicksalsferne, bereitet sich der gewaltsame Umsturz des Bestehenden vor. Der riesige Vogel, der Vernichtung und Neugeburt zugleich verkündet, erscheint als Vorbote des nahen Krieges. Sturm, prasselnder Regen und krachender Donner erschüttern diese symbolische Landschaft, die nach dem Gewitter **fahl und unwirklich** leuchtet im Anbruch einer neuen Zeit.

Stilisiert erscheint die Natur im *DEMIAN*; ihre Beschreibung ist reduziert auf wenige metaphorisch aufgeladene Phänomene, die zudem nachträglich ausdrücklich auf ihre Bedeutung hin befragt werden. So tritt in den späteren Romanen das atmosphärische Naturbild zugunsten des metaphorisch-stilisierten zurück. Naturbeschreibung wird mehr und mehr zum Träger und Vermittler einer Botschaft.

Unterrichtshilfen »Demian«

1   Didaktische Aspekte

HERMANN HESSES Roman *DEMIAN*, der bereits bei seinem ersten Erscheinen in das **Erwartungszentrum einer Generation** traf (vgl. Anm. 21), hat sich seine Aktualität als Buch der heranwachsenden Jugend bewahrt. Die Entwicklungskrise und Identitätsfindung des jungen Emil Sinclair spricht eigene Erfahrungen des jugendlichen Lesers an, aktiviert seine Konfliktbereitschaft und kommt seinem Verlangen nach Orientierungshilfen, Vorbildern und Idealen, die den Einsatz der eigenen Person lohnen, entgegen. Das suggestive Identifikationsangebot des Romans erleichtert darüber hinaus den Zugang zu einem Text, dessen weltanschauliche Unbestimmtheit der je eigenen Interpretation und Spekulation hinreichend Raum bietet.

Geeignet erscheint HESSES *DEMIAN* für die Lektüre der Jahrgangsstufen 11 bis 13. Das Verständnis der Eigenart des psychologischen Erzählens, HESSES neuer Ausdrucksform, entwickelt für ein neues Ausdrucksbedürfnis des Autors, setzt sowohl die Kenntnis literarischer Grundbegriffe als auch einen Einblick in die Tradition des realistischen Erzählens, von dem es sich abgrenzt, voraus. Auch die weltanschaulichen Implikationen des Romans (HESSES Konzept der Persönlichkeit, sein Schicksals- und Geschichtsverständnis, die Einflüsse gnostischen Gedankenguts), die nicht nur nachvollzogen, sondern aus kritischer Distanz interpretiert werden müssen, stellen altersgemäße Anforderungen an das Verständnis und das Differenzierungsvermögen der Schüler dieser Jahrgangsstufe.

Um der Erfahrung der Identifikation, die später in der Interpretation zu hinterfragen sein wird, ungehindert Raum zu geben, empfiehlt sich eine ungebundene Erstlektüre, der die durch vorgegebene oder gemeinsam erarbeitete Fragestellungen vorstrukturierte Zweitlektüre in Auswahl folgt.

Im Rahmen einer übergreifenden Reihe zum Literaturunterricht über HESSES Romane der Ich-Suche kann *DEMIAN* nach den frühen Romanen *PETER CAMENZIND* oder *UNTERM RAD*, die die Gefährdung des Außenseiters thematisieren, die mittlere Werkphase vertreten, in der die Innenwendung des Erzählens dominiert, während *DER STEPPENWOLF* als spätere Ausformung desselben Grundkonflikts einen fortgeschrittenen Bewusstseinsstand dokumentiert und neue adäquate Möglichkeiten des Erzählens sucht.

In einer Unterrichtsstunde über die Darstellung der Pubertät in der Literatur kann der Vergleich zwischen HESSES *DEMIAN* und Günther Grass' Pubertätsnovelle *KATZ UND MAUS* (1961), die sich in ihren gesellschaftlichen Rahmenbedingungen, ihrer Weltfülle und ihrer anekdotisch-bizarren Erzählweise markant von HESSES Roman unterscheidet, Gefahren der Selbstentfremdung und Konstanten der Identitätsfindung sichtbar machen.

In einer Unterrichtsreihe über den modernen Roman im frühen 20. Jahrhundert kann HESSES *DEMIAN* in seiner psychologischen Erzählweise eine Variante modernen Erzählens repräsentieren. Vergleichstexte: Robert Musils: *DIE VERWIRRUNGEN DES ZÖGLINGS TÖRLESS*; Rainer Maria Rilke: *DIE AUFZEICHNUNGEN DES MALTE LAURIDS BRIGGE*; Arthur Schnitzler: *FRÄULEIN ELSE*.

Stunden	Thema	Didaktische Aspekte (Inhalte/Ziele)	Methodische Realisierung/ Verlauf
1./2.	Konzept der Identität. Hesses *DEMIAN* als Roman einer Identitätssuche. Rezensionen von Th. Mann, L. v. Strauß und Torney in Auswahl (Kap.1.2 dieser Studie)	1. Annäherung an die Frage: Was bedeutet Identität? 2. Eindrücke der Erstlektüre 3. Hesses Roman als Paradigma	1. Kurzen Text *(Miniatur)* schreiben zu dem Thema *Ich bin ...* (PRO). Auswerten der Texte im Vergleich. Was teilen wir anderen über uns mit? Worin erfahren wir uns als von anderen verschieden? Worin bleiben wir uns in den unterschiedlichsten Situationen gleich? (UG)
3.	Der Vorspann und seine Funktion, S. 7–8	Der Vorspann als Wegweiser der Interpretation	1. Funktion des Mottos (PA) 2. Merkmale des Ich-Erzählens (GA) 3. Wie definiert der Vorspann das Individuum? (PA) 4. Individuation als der **Weg zu sich selber** (UG)
4./5.	Das Kromer-Erlebnis, Kap. 1 und 2	1. Das Kromer-Erlebnis als Auslöser des Autoritätskonflikts 2. Die Sprache: Pathos der Gegensätze	1. Die **zwei Welten** und die Erfahrung der eigenen inneren Polarität: Wie gerät Sinclair in die Abhängigkeit von Kromer? (PA) Wie erlebt Sinclair das Zerbrechen seiner Kinderwelt? (PA)

2 Unterrichtssequenzen in der Sekundarstufe II
(Grund- und Leistungskurs)

Verwendete Abkürzungen:

A	= Alternative	PA	= Partnerarbeit
GA	= Gruppenarbeit	PRO	= Produktionsorientierte
KRef	= Kurzreferat		Themen- oder Aufgabenstellung
LV	= Lehrervortrag	UG	= Unterrichtsgespräch

Grundkurs-Sequenz (12–14 Stunden)
Die nachstehenden Vorschläge für die Unterrichtsgestaltung, die eine Unterrichtssequenz von 12–14 Stunden umfassen, verstehen sich als Maximalangebot, aus dem der Lehrer entsprechend der Unterrichtssituation auswählen und das er nach den Interessen der Schüler modifizieren wird.

Hausaufgabe

---

2. Eindrücke der ungebundenen Erstlektüre austauschen. Um welches Thema geht es im Roman? Erst danach bündeln der Diskussionbeiträge: Identitätsfindung! (UG)
3. Rezensionen von Th. Mann, L. v. Strauß und Torney (LV). Was hat die zeitgenössischen Leser angesprochen? (PA zu je einer Rezension)
(A): Was hat die Jugendlichen der 60er-/70er-Jahre begeistert?
KRef: Hesses Wiederentdeckung in den USA und in Deutschland (z. B. nach M. Pfeifer: *H. Hesses weltweite Wirkung*, Bd. 1)

Lesen: Vorspann S. 7–8: Warum setzt Hesse seinem Roman diesen Vorspann voran? Vermutungen in Stichworten!

---

*1. Schreiben Sie einen ›Waschzettel‹ für Hesses Roman um den Leser zum Kauf des Buches zu animieren. (PRO)
2. Lesen: Kap. 1 und 2: Welche Bedeutung gewinnt Kromer für Sinclair?*

Wie reagiert er auf seine Befreiung von Kromer? (PA)
Welchen Stellenwert gewinnt das Kromer-Erlebnis in Sinclairs Entwicklung? (UG)
2. Sprachmerkmale herausarbeiten (GA):
a) Gegensätze der Wahrnehmung
b) Gegensätze der Gefühle
c) Gegensätze der Wertung
d) Häufungen und Intensivierungen
e) Anaphern, Parallelismen

*1. Wie versucht Sinclair seine neuen Erfahrungen der **zwei Welten** sprachlich auszudrücken?
2. Lesen: Kap. 3*

Stunden	Thema	Didaktische Aspekte (Inhalte/Ziele)	Methodische Realisierung/ Verlauf
6./7.	Sinclairs Begegnung mit Demian, Kap. 2 und Kap. 3, S. 71–76	Demian als Herausforderer und Alter Ego Sinclairs	1. Wie wird Demian in den ersten Begegnungen mit Sinclair charakterisiert? (UG) 2. Wie lässt sich die Beziehung zwischen beiden beschreiben? (UG) 3. Wie begründet Demian seine Umdeutung der Geschichte von den Schächern am Kreuz? (PA)
8./9.	Die Funktion der Bilder und Träume, Kap. 4, S. 95–99, 104; Kap. 6, S. 138–140	Bilder und Träume als Selbstentwürfe Sinclairs	Die Entstehung der Bilder: 1. In welcher Etappe seines Lebens beginnt Sinclair zu malen? (GA) 2. Was bedeutet ihm diese Übung? (GA) 3. Wie lässt sich Sinclairs Art zu malen beschreiben? (PA) 4. Wie lassen sich die Transformationen der Bilder deuten? (UG) 5. Welche Aufgabe erfüllen die Bilder in Sinclairs Prozess der Selbstfindung? (UG)
10./ 11.	1. Die Entwicklung des Sperbersymbols, S. 34, 60, 104–105, 111, 125–126, 138, 140, 166–167, 180, 190–191 2. Pistorius' Persönlichkeitslehre, Kap. 5 und 6	1. Das Sperberbild als zentrales Symbol der Befreiung 2. Pistorius' Lehre von der Entgrenzung der Persönlichkeit	1. a) Erste Erwähnungen des Sperberbildes (Kontext!) (PA) b) Sinclairs Wappenvogeltraum (104) (PA) c) Sinclairs Sperberbild und Demians Deutung (PA) d) Sinclairs Selbstdeutung im Sperberbild (125–126) (UG) e) Sinclairs Weltdeutung im Sperberbild (190–191) (UG)

(A): Streitgespräch über die Kain-und-Abel-Geschichte (PRO, vorbereitet durch Hausaufgabe) 4. Welche Bedeutung gewinnt Demians Kain-Interpretation für Sinclairs Entwicklung? (PA) 5. Inwiefern ist Demians Gedanke von der Einheit des Lebens eine Antwort auf Sinclairs Erfahrungen? (UG)	1. nach der 6. Std. zur Vorbereitung der 7. Std.: Schreiben Sie ein Streitgespräch zwischen Demian und Sinclair über die Deutung der Kain-und-Abel-Geschichte. (PRO) 2. Lesen: Kap. 4 und 5
	1. Sinclair beschreibt in einem Brief an einen Freund, wie er dazu gekommen ist, Bilder zu malen, wie sie entstehen und was sie für ihn bedeuten. (PRO) 2. Lesen: Kap. 6: Wie sieht Pistorius' Bild der Persönlichkeit aus? Stichworte!
2. a) Wie entwickelt Pistorius seine Auffassung der Persönlichkeit? (GA) b) Welches Ziel stellt er Sinclair vor Augen? (PA) c) Warum wendet Sinclair sich von Pistorius ab? (UG)	1. Beschreiben Sie, wie im *DEMIAN* das zentrale Symbol des Sperbers nach und nach an Bedeutung gewinnt. Beachten Sie dabei den Kontext, in dem das Sperberbild auftaucht! 2. Lesen: Kap. 7

Stunden	Thema	Didaktische Aspekte (Inhalte/Ziele)	Methodische Realisierung/ Verlauf
12.	Die Gestalt Frau Evas, Kap. 7	Frau Eva als Verkörperung der Synthese der Gegensätze	1. Die Bedeutung des Namens (UG) 2. Wie wird Frau Eva in den Roman eingeführt? (PA) 3. Wie wird sie charakterisiert? (PA) 4. Frau Eva als Mutter *und* Geliebte? Vgl. auch Sinclairs Traum. (UG) 5. Frau Eva als Ich-Imago (**Sinnbild meines Innern**) (UG)
13.	Krieg und Schicksal, Kap. 7 und 8; Auszüge aus Hesses politischen Aufsätzen und Briefen (Kap. 1.4.3. dieser Studie)	1. Hesses Schicksalsbegriff: Schicksal als Naturvorgang 2. Hesses Geschichtsauffassung im *DEMIAN* 3. Hesses politisches Kredo	1. Wie erlebt Sinclair sein **Schicksal** und in welchen sprachlichen Bildern versucht er es zu fassen? 2. a) Wie wird der Ausbruch des Krieges geschildert? Welche Bilder erscheinen? b) Welche Bedeutung gewinnt der Krieg für Demian und Sinclair?
14.	Die Entstehung des Romans (Kap. 1.1. dieser Studie)	1. Der biografische und zeitgeschichtliche Hintergrund 2. Hesses künstlerischer Neubeginn	1. KRef: Hesses biografische Situation zur Entstehungszeit des *DEMIAN* (z. B. nach B. Zeller: *HERMANN HESSE IN SELBSTZEUGNISSEN UND BILDDOKUMENTEN*) 2. Worin zeigt sich im *DEMIAN* Hesses künstlerischer Neubeginn? Figuren? Sprache? Bilder? (GA)

6. Welche Bedeutung gewinnt die Begegnung mit Frau Eva für Sinclair? (UG)

1. Skizzieren Sie die Figurenkonstellation im *DEMIAN*. Welche Bedeutung gewinnen die einzelnen Gestalten für Sinclair?
2. Lesen: Kap. 8: Wie erleben Sinclair und Demian den Kriegsausbruch?

3. Widerspruch zwischen Kriegsbegeisterung im *DEMIAN* und Hesses humanitärem Engagement

Schreiben Sie eine Rezension des Romans, in der Sie begründen, warum Sie jungen Menschen raten/abraten würden Hesses *DEMIAN* zu lesen.

Im Rahmen einer Unterrichtsreihe über Hesses Prosa: Vergleichen Sie Hesses Erzählweise in *UNTERM RAD* (wahlweise *PETER CAMENZIND* oder eine frühe Erzählung) mit seiner Erzähltechnik im *DEMIAN*. Ähnlichkeiten? Unterschiede? Welche Elemente sind neu? Was bewirken sie?

Leistungskurssequenz (8 Stunden + Grundkurssequenz)
Die Unterrichtssequenz für den Leistungskurs ist additiv angelegt. Die Basis ist die
Sequenz des Grundkurses, erweitert um literaturwissenschaftliche, literarhistori-

a) 1 Stunde (im Anschluss an die Betrachtung des Vorspanns, 3. Std.)

Stunden	Thema	Didaktische Aspekte (Inhalte/Ziele)	Methodische Realisierung/ Verlauf
	Die Bedeutung des Vorspanns im Roman. Der Vorspann im *DEMIAN* und Th. Storms Vorspann/Rahmen in *AQUIS SUBMERSUS*	Der Vorspann als Authenti- zitätsfiktion und/oder als Werkzeug der Leserlenkung	1. Unterschied zwischen dem Vorwort eines Sachtex- tes und einem fiktiven Vor- spann 2. Wozu dient der Vorspann? Welche Merkmale sind typisch? (UG) 3. Wie lässt sich der Spre- cher charakterisieren? a) in *AQUIS SUBMERSUS?* (PA) b) im *DEMIAN* (evtl. im *STEPPENWOLF*)? (PA)

b) 1 Stunde (im Zusammenhang der Interpretation der Bilder, 8./9. Std.)

Stunden	Thema	Didaktische Aspekte (Inhalte/Ziele)	Methodische Realisierung/ Verlauf
	Ausdrucksmalen: ein Experiment	Bilder als Selbstentwürfe	Als Anregung kann das freie Malen dienen, wie es z. B. in der Gestalttherapie einge- setzt wird: Zum Ausdruck einer augenblicklichen Stimmung malt der Schüler Farben und Formen – meis- tens ungegenständlich.

c) 1 Stunde (im Zusammenhang der Interpretation der Träume, 8./9. Std.)

Stunden	Thema	Didaktische Aspekte (Inhalte/Ziele)	Methodische Realisierung/ Verlauf
	C. G. Jungs Traum- deutung (Mat. 1)	Grundzüge der Traumdeu- tung C. G. Jungs und ihre Bedeutung für Hesses Dich- tung	Interpretation ausgewählter Passagen aus C. G. Jungs Schriften (UG) Inwieweit sind Sinclairs Träume Stationen seines In- dividuationsprozesses?

sche, psychologische und gesellschaftlich relevante Fragestellungen. Entsprechend den Vorkenntnissen und der Interessenlage der Schüler kann hier eine Auswahl getroffen werden.

Hausaufgabe

4. Vergleich beider Vorworte und ihrer unterschiedlichen Erzählabsicht

Schreiben Sie ein Vorwort zu Hesses *DEMIAN*, in dem Sie den Leser davon zu überzeugen versuchen, dass er eine reale Lebensgeschichte vor sich hat. Berichten Sie auch über die Umstände, wie das Manuskript in Ihre Hände kam. (PRO)

Hausaufgabe

(Verschiedene Blattformate und Öl-Kreiden zur Verfügung stellen!) Bei Schülern, die nicht spontan malen, kann man einen Kreis vorgeben und den Schüler auffordern den Kreis mit Formen und Farben seiner Wahl auszumalen. Nach dem Malen lässt man jeden Schüler seine eigenen Erfahrungen während des Malens und seine Eindrücke beim Betrachten des fertigen Bildes artikulieren. (Keine Fremddeutungen!) (PRO)

Schreiben Sie einen kurzen Text (Prosagedicht) zu Ihrem Bild, in dem Sie versuchen die Stimmung des Bildes in Worten einzufangen. (PRO)

Hausaufgabe

Erläutern Sie den Zusammenhang zwischen Sinclairs Träumen und seinen gemalten Bildern.

d) 1–2 Stunden (im Zusammenhang der Interpretation des Sperbersymbols, 10./11. Std.)

Stunden	Thema	Didaktische Aspekte (Inhalte/Ziele)	Methodische Realisierung/ Verlauf
	Hesses Symbolsprache und die Sprachkrise der Jahrhundertwende. Hugo v. Hofmannsthals *BRIEF DES LORD CHANDOS AN FRANCIS BACON* (1902)	1. Was ist ein Symbol? 2. Merkmale der Sprachkrise der Jahrhundertwende 3. Hesses Symbole als Bilder der Seele	1. KRef: Symbol (z. B. nach: Gerhard Kurz: *METAPHER, ALLEGORIE, SYMBOL.* Göttingen 1982) 2. a) Interpretation des *CHANDOS-BRIEFS* (UG) b) KRef: Die Sprachkrise der Jahrhundertwende als Erzählkrise (z. B. nach Jürgen Schramke: *ZUR THEORIE DES MODERNEN ROMANS.* München 1974)

e) 1 Stunde (im Zusammenhang der Persönlichkeitslehre des Pistorius', 10./11. Std.)

Stunden	Thema	Didaktische Aspekte (Inhalte/Ziele)	Methodische Realisierung/ Verlauf
	C. G. Jungs Lehre von der Entwicklung der Persönlichkeit (Mat. 2–6)	C. G. Jungs Persönlichkeitskonzept und seine Bedeutung für Hesses *DEMIAN*	1. Konzept der Persönlichkeit 2. Bedeutung der Archetypen

f) 1 Stunde (im Zusammenhang der Begegnung Sinclairs mit Pistorius, 10./11. Std.)

Stunden	Thema	Didaktische Aspekte (Inhalte/Ziele)	Methodische Realisierung/ Verlauf
	Esoterik: aktuelle Texte zu esoterischen Kulten und Sekten	Sensibilisierung der Schüler für die Möglichkeiten und Gefahren esoterischer Kulte; ihr identitätsförderndes Potenzial – ihre Grenzen	1. Verschiedene KRef zu esoterischen Kulten (vorbereitet durch Hausaufgabe) 2. Welche Identitätsangebote werden gemacht? Wie kann sich der Einzelne diesen Angeboten gegenüber verhalten? (UG)

3. Hesses Symbole als individuelle Bildschöpfungen.
Beispiel: das Sperbersymbol

Charakterisieren Sie anhand ausgewählter Merkmale Hesses Erzählkunst im *DEMIAN*. Beziehen Sie in Ihre Analyse Ihr Wissen über die Entwicklung des modernen Romans im frühen 20. Jahrhundert ein.

3. Funktion dieser Denkmodelle im Roman

3. Wie geht Emil Sinclair mit Pistorius' Identitätsangeboten um? (UG)

Vorbereitende HA: KRef zum Thema *Esoterik*. Nach Stunde f): Vergleichen Sie Emil Sinclairs Begegnung mit Pistorius und mit Demian: Wie prägen beide in ihrer je eigenen Weise Sinclairs Entwicklung?

g) 1 Stunde (letzte Stunde)

Stunden	Thema	Didaktische Aspekte (Inhalte/Ziele)	Methodische Realisierung/ Verlauf
	Hesses *DEMIAN* als Roman eines innerpsychischen Prozesses. Zitat aus H. Hesse: *EINE ARBEITS-NACHT*	Erproben eines Interpretationsmodells, das den Roman vorrangig als Darstellung eines innerpsychischen Prozesses begreift.	1. Mögliche Interpretationen des Romans: Entwicklungsroman oder innerpsychisches Drama (LV) 2. Äußerung H. Hesses aus *EINE ARBEITSNACHT* (in: H. Hesse: *GESAMMELTE SCHRIFTEN*, Bd. 7. Berlin 1957, S. 303): **Beinahe alle Prosadichtungen, die ich geschrieben habe, sind Seelenbiographien, in allen**

3 Klausurvorschläge

GK

1. Vorspann, S. 7–9: Welche Bedeutung kommt dem Vorspann im Gesamtzusammenhang des Romans zu?
2. Kap. 1, S. 9–13: Erläutern Sie Sinclairs Erfahrung der **zwei Welten** und legen Sie dar, wie seine Weltsicht auch seine Sprache prägt.
3. Kap. 2, S. 32–39, S. 44–50: Charakterisieren Sie das Verhältnis zwischen Emil Sinclair und Max Demian.

LK

1. Erläutern Sie die Bedeutung des Titels *DEMIAN. DIE GESCHICHTE VON EMIL SINCLAIRS JUGEND* im Hinblick auf die Figurenkonstellation und die Konfliktgestaltung in diesem Roman.
2. Kap. 5, S. 123–126: Erläutern Sie Pistorius' Persönlichkeitslehre und analysieren Sie ihre Bedeutung für Sinclairs Entwicklung.
3. Vergleichen Sie C. G. Jungs Lehre der Individuation mit Pistorius' Persönlichkeitsentwurf (Materialien zu *DEMIAN* und *DEMIAN*, Kap. 5).
4. Kap. 4, S. 96–99: Analysieren Sie Bedeutung und Funktion des gemalten Bildes für Emil Sinclairs Ich-Suche.
5. Kap. 1, S. 21–22: **Ich bat sie […]** bis **nun war der Feind hinter mir her**: Analysieren Sie Sinclairs Gefühlssprache und erläutern Sie ihre mögliche Wirkung auf den Leser.
6. Kap. 8: Analysieren Sie Hesses pathetische Verklärung des Kriegsgeschehens in diesem Roman und diskutieren Sie die Gefahren einer solchen Poetisierung.

handelt es sich nicht um Geschichten, Verwicklungen und Spannungen, sondern sie sind im Grunde Monologe, in denen eine einzige Person, eben jene mythische Figur in ihren Beziehungen zur Welt und zum eigenen Ich betrachtet wird.

Lässt Hesses Äußerung Schlüsse auf die Interpretation seiner Texte zu?

3. Signale, die eine transrealistische Deutung nahe legen (GA)
4. Die Funktion der Schauplätze (GA)
5. Die Rolle der Nebenfiguren (GA)

Erörtern Sie die verschiedenen möglichen Interpretationsansätze, die Hesses *DEMIAN* erschließen können. Lassen sie sich verbinden? Könnten sie nebeneinander bestehen? Schließen sie einander aus?

4   Materialien

C. G. Jung: Vom Wesen der Träume

Um den Sinn des Traumes festzuhalten, habe ich auf Grund der oben erläuterten Erkenntnis ein Verfahren ausgebildet, das ich als das *Aufnehmen des Kontextes* bezeichne und das darin besteht, daß bei jeder hervorstechenden Einzelheit des Traumes durch die *Einfälle des Träumers* festgestellt wird, in welcher Bedeutungsnuance sie ihm erscheint. Ich verfahre also nicht anders als bei der Dechiffrierung eines schwer lesbaren Textes. (S. 57–58)

Mit dem Begriff der Kompensation ist allerdings nur eine ganz allgemeine Charakterisierung der Traumfunktion gegeben. Wenn man, wie dies in längeren und schwierigen Behandlungen der Fall ist, über viele Hunderte sich erstreckende Serien von Träumen vor die Augen bekommt, dann drängt sich dem Beobachter allmählich ein Phänomen auf, das beim einzelnen Traum hinter der jeweiligen Kompensation verborgen ist. Es ist dies eine Art von Entwicklungsvorgang in der Persönlichkeit. Zunächst erscheinen einem die Kompensationen als jeweilige Ausgleichungen von Einseitigkeiten oder Ausbalancierungen gestörter Gleichgewichtslagen. Bei tieferer Einsicht und Erfahrung dagegen ordnen sich diese anscheinend einmaligen Kompensationsakte einer Art von Plan ein. Sie scheinen unter sich zusammenzuhängen und in tieferem Sinne einem gemeinsamen Ziel untergeordnet zu sein, so daß eine lange Traumserie nicht mehr als ein sinnloses Aneinanderreihen inkohärenter und einmaliger Geschehnisse erscheint, sondern als ein wie in planvollen Stufen verlaufender Entwicklungs- oder Ordnungsprozeß. Ich habe diesen in der Symbolik langer Traumserien sich spontan ausdrückenden unbewußten Vorgang als *Individuationsprozeß* bezeichnet. (S. 62–63)

Ich habe viele solcher Träume untersucht und fand an ihnen häufig eine Besonderheit, die sie vor anderen Träumen auszeichnet. Es kommen in ihnen nämlich symbolische Gebilde vor, denen wir auch in der Geschichte des menschlichen Geistes begegnen. Bemerkenswert ist, daß der Träumer von der Existenz solcher Parallelen keine Ahnung zu haben braucht. Diese Besonderheit gilt für die Träume des Individuationsprozesses. Es sind in ihnen sogenannte mythologische Motive beziehungsweise Mythologeme enthalten, die ich als *Archetypen* bezeichnet habe. Darunter sind spezifische Formen und bildmäßige Zusammenhänge zu verstehen, die sich in übereinstimmender Form nicht nur in allen Zeiten und Zonen, sondern auch in den individuellen Träumen, Phantasien, Visionen und Wahnideen finden. Ihr häufiges Vorkommen in individuellen Fällen sowohl wie ihre ethnische Ubiquität beweisen, daß die menschliche Seele nur zu einem Teil einmalig und subjektiv oder persönlich ist, zum anderen aber kollektiv und objektiv ist (vgl. *Über die Psychologie des Unbewussten*, Ges. Werke 7). Wir sprechen daher einerseits von einem *persönlichen*, andererseits von einem *kollektiven* Unbewußten, das gleichsam eine tiefere Schicht als das bewußtseinsnähere persönliche Unbewußte darstellt. Die »großen« beziehungsweise bedeutungsvollen Träume entstammen dieser tieferen Schicht. Ihre Bedeutsamkeit verrät sich, abgesehen vom subjektiven Eindruck, schon durch ihre plastische Gestaltung, die nicht selten dichterische Kraft und Schönheit zeigt. Solche Träume ereignen sich meist in schicksalsentscheidenden Abschnitten des Lebens, so in der ersten Jugend, in der Pubertätszeit, um die Lebensmitte (sechsunddreißigstes bis vierzigstes Jahr) und in conspectu mortis. Ihre Deutung ist oft mit beträchtlichen Schwierigkeiten verknüpft, weil das Material, das der Träumer beitragen kann, zu spärlich ist. Es handelt sich eben bei den archetypischen Gebilden nicht mehr um persönliche Erfahrungen, sondern gewissermaßen um allgemeine Ideen, deren Hauptbedeutung in dem ihnen eigentümlichen Sinn und nicht in irgendwelchen persönlichen Erlebniszusammenhängen besteht. (S. 64–65)

Alle jene Augenblicke des individuellen Lebens, wo die allgemeingültigen Gesetze menschlichen Schicksals die Absichten, Erwartungen und Anschauungen des persönlichen Bewußtseins durchbrechen, sind zugleich Stationen des Individuationsprozesses. Dieser Vorgang ist nämlich die spontane *Verwirklichung des ganzen Menschen*. Der ichbewußte Mensch bedeutet nur einen Teil des lebenden Ganzen, und sein Leben stellt noch keine Verwirklichung des Ganzen dar. Je mehr er bloßes Ich ist, desto mehr spaltet er sich vom kollektiven Menschen, der er auch ist, ab und gerät sogar in einen Gegensatz zu diesem. Da aber alles Lebende nach seiner Ganzheit strebt, so findet gegenüber der unvermeidlichen Einseitigkeit des Bewußtseinslebens eine beständige Korrektur und Kompensation von seiten des allgemein menschlichen Wesens in uns statt, mit dem Ziele einer schließlichen Integration des Unbewußten im Bewußtsein oder besser: eine Assimilation des Ich an eine umfangreichere Persönlichkeit. (S. 66)

(Aus: Das C. G. Jung-Lesebuch. Ausgewählt von Franz Alt. Frankfurt, 1986, S. 53–72)

C. G. Jung: Vom Werden der Persönlichkeit

Die Persönlichkeit nämlich kann sich niemals entfalten, ohne daß man bewußt und mit bewußter moralischer Entscheidung *den eigenen Weg* wählt [...] (S. 127)
Wer *Bestimmung* hat, hört die *Stimme des Innern,* er ist *bestimmt.* Deshalb glaubt auch die Sage, daß er einen privaten Dämon habe, der ihn berät und dessen Aufträge er auszuführen hat. (S. 130)
[...] In unergründlicher Weise ist oft Niederstes und Höchstes, Bestes und Verruchtes, Wahrstes und Verlogenstes in der Stimme des Inneren gemischt, einen Abgrund von Verwirrung, Täuschung und Verzweiflung aufreißend. (S. 141)

(Aus: C. G. Jung-Lesebuch, S. 119–143)

C. G. Jung: Wandlungen und Symbole der Libido

Man kann sagen, wenn es gelänge, alle Tradition in der Welt mit einem Male abzuschneiden, so würde mit der nächsten Generation die ganze Mythologie und Religionsgeschichte wieder von vorne beginnen. (S. 26 f.)
Wie unser Körper in vielen altertümlichen Organen noch die Relikte alter Funktionen und Zustände bewahrt, so unser Geist, der [...] immer noch die Merkmale der durchlaufenen Entwicklung trägt und, wenigstens in Phantasien, das Uralte träumend wiederholt. (S. 30)

(Aus: Wandlungen und Symbole der Libido. Leipzig u. Wien 1912)

C. G. Jung: Die Lebenswende

Wenn man versucht, aus der fast unerschöpflichen Mannigfaltigkeit der individuellen Probleme des Jugendalters das Gemeinsame und Essentielle herauszuziehen, so stößt man auf ein bestimmtes Charakteristikum, das allen Problemen dieser Stufe anzuhaften scheint: es ist ein mehr oder weniger deutliches Festhalten an der Bewußtseinsstufe der Kindheit, ein Sträuben gegen die Schicksalsmächte in uns und um uns, die uns in die Welt verwickeln wollen. Etwas möchte Kind bleiben, ganz unbewußt, oder doch wenigstens nur seines Ich bewußt sein, alles Fremde ablehnen oder es dann wenigstens seinem eigenen Willen unterjochen, nichts tun oder dann doch wenigstens seine eigene Lust oder Macht durchsetzen. Darin liegt etwas von der Trägheit des Stoffes, es ist ein Beharren im bisherigen Zustand, dessen Bewußtheit kleiner, enger, egoistischer ist als die Bewußtheit der dualistischen Phase, in welcher das Individuum vor die Notwendigkeit gestellt ist, das andere, das Fremde ebenfalls als sein Leben und als ein Auch-Ich zu erkennen und anzunehmen.

(Aus: C. G. Jung-Lesebuch, S. 150–151)

Material 5

C. G. Jung: Das Grundproblem der gegenwärtigen Psychologie

Könnte man das Unbewußte personifizieren, so wäre es ein kollektiver Mensch, jenseits der geschlechtlichen Besonderheit, jenseits von Jugend und Alter, von Geburt und Tod, und würde über die annähernd unsterbliche menschliche Erfahrung von ein bis zwei Millionen Jahren verfügen. Dieser Mensch wäre schlechthin erhaben über den Wechsel der Zeiten. Gegenwart würde ihm eben so viel bedeuten wie irgendein Jahr im hundertsten Jahrhundert von Christi Geburt, er wäre ein Träumer säkularer Träume, und er wäre ein unvergleichlicher Prognosensteller auf Grund seiner unermeßlichen Erfahrung. Denn er hätte das Leben des einzelnen, der Familien, der Stämme und Völker unzählige Male erlebt und besäße den Rhythmus des Werdens, Blühens und Vergehens im lebendigsten inneren Gefühl.

(Aus: C. G. Jung-Lesebuch, S. 26–27)

Material 6

C. G. Jung: Über die Archetypen des kollektiven Unbewußten

Eine gewissermaßen oberflächliche Schicht des Unbewußten ist zweifellos persönlich. Wir nennen sie das *persönliche Unbewußte*. Dieses ruht aber auf einer tieferen Schicht, welche nicht mehr persönlicher Erfahrung und Erwerbung entstammt, sondern angeboren ist. Diese tiefere Schicht ist das sogenannte *kollektive Unbewußte*. Ich habe den Ausdruck *kollektiv* gewählt, weil dieses Unbewußte nicht individueller, sondern allgemeiner Natur ist, das heißt, es hat im Gegensatz zur persönlichen Psyche Inhalte und Verhaltensweisen, welche überall und in allen Individuen cum grano salis die gleichen sind. Es ist, mit anderen Worten, in allen Menschen sich selbst identisch und bildet damit eine in jedermann vorhandene, allgemeine und seelische Grundlage überpersönlicher Natur.

Seelische Existenz wird nur erkannt am Vorhandensein *bewußtseinsfähiger Inhalte*. Wir können darum nur insofern von einem Unbewußten sprechen, als wir Inhalte desselben nachzuweisen vermögen. Die Inhalte des persönlichen Unbewußten sind in der Hauptsache die sogenannten *gefühlsbetonten Komplexe,* welche die persönliche Intimität des seelischen Lebens ausmachen. Die Inhalte des kollektiven Unbewußten dagegen sind die sogenannten *Archetypen.*

(Aus: C. G. Jung: Bewußtes und Unbewußtes. Beiträge zur Psychologie. Mit einem Vorwort von Prof. Dr. E. Böhler, Frankfurt, 1957, S. 11–12)

Unterrichtshilfen »Unterm Rad«

1   Didaktische Aspekte

HESSES Roman *UNTERM RAD* hat sich, wie seine Wiederentdeckung in den Siebzigerjahren beweist, eine Aktualität bewahrt, die sich unabhängig von der historisch-gesellschaftlichen Lage um 1900 behauptet. Der Leistungsdruck der Schule, die Autoritätskonflikte mit Eltern und Erziehern, die Erfahrungen der Pubertät sind Probleme, die jugendlichen Lesern vertraut sind und deren Bearbeitung ihnen selbstredend wichtig ist. Das Gespräch über den Roman kann sich so auf eigene Betroffenheit stützen, Relevanz der Lektüre und Lesemotivation ergeben sich aus dem eigenen Erfahrungsraum. So könnte etwa eine Diskussion über *Schulstress* als Einstieg dienen.

In seiner einfachen Sprache und seiner klaren Struktur ist der Roman bereits für die Lektüre in der Sekundarstufe I (Jahrgangsstufe 10) geeignet. Literaturwissenschaftliche Grundbegriffe lassen sich im Zusammenhang mit der Frage nach der leserorientierten Vermittlung der Schul- und Pubertätsproblematik gewinnen.

Jedoch auch für die Behandlung in der Sekundarstufe II bietet der Text genügend Anreiz, zumal wenn er in einen übergreifenden Zusammenhang eingebettet wird. In einer Unterrichtsreihe über HESSE, die das zentrale Thema der Selbstsuche und Selbstverwirklichung in den Blick fasst, kann der Roman die frühe Werkphase vertreten, während *DEMIAN* und *DER STEPPENWOLF* spätere Ausformungen desselben Grundproblems repräsentieren. In einer Literatursequenz über den Schulroman kann *UNTERM RAD* im Vergleich mit zeitgenössischen (um 1900), aber auch mit modernen Texten interpretiert werden. Als zeitgenössische Texte bieten sich etwa Emil Strauss' Roman *FREUND HEIN* (1902) oder Arno Holz' Erzählung *DER ERSTE SCHULTAG* (1889) an, als moderner Text Heinrich Bölls Erzählung *DANIEL, DER GERECHTE* (1954).

Bei entsprechender Neigung der Schüler könnte die Interpretation des Romans *UNTERM RAD* in einer dramatischen Aufführung ausgewählter Szenen ihren Höhepunkt finden. Die dramatische Qualität zahlreicher ›Szenen‹ bietet hierfür genügend Anreiz.

2 Unterrichtssequenzen in der Sekundarstufe II

(Grund- und Leistungskurs; auch geeignet für Klasse 10)

Verwendete Abkürzungen:

A	= Alternative	PA	=	Partnerarbeit
GA	= Gruppenarbeit	PRO	=	Produktionsorientierte
KRef	= Kurzreferat			Themen- oder Aufgabenstellung
SV	= Schülervortrag	UG	=	Unterrichtsgespräch
LV	= Lehrervortrag			

Stunden	Thema	Didaktische Aspekte (Inhalte/Ziele)	Methodische Realisierung/ Verlauf
1.	Schulstress. Zeitungsnotiz über einen Schülerselbstmord oder über Schulstress. (A): Interview zum Thema Schulstress/Leistungsdruck (PRO)	1. Relevanz der Problematik Schulstress, Autoritätskonflikte, Auseinandersetzung mit Gleichaltrigen, Pubertätsschwierigkeiten 2. Möglichkeiten der literarischen ›Bewältigung‹ von Autoritäts-/Pubertätskonflikten 3. Einführung des Romans *UNTERM RAD* mit Hinweis auf den Beispielcharakter des Erzählten	1. Ausgehend von einem provozierenden nichtliterarischen Text Einstieg in die Diskussion über die eigene Betroffenheit (UG) (A): Vorbereitetes fiktives Interview zum Thema Schulstress/Leistungsdruck. Interviewer und Interviewte sind die Schüler. (PRO)
2./3.	Die Genese des Konflikts, Kap. 1 und 2	1. Philistertum und Außenseiter 2. Verhältnis Vater – Sohn 3. Erzählerische Mittel der Konfliktgestaltung	1. Skizze der Kleinstadt, Charakteristik des Außenseiters, Rolle der Erzieher (UG) (A): Franz Josef Degenhardts Lied »Deutscher Sonntag« vorspielen. Wie sieht es in Giebenraths kleiner Stadt aus? 2. Verhältnis Vater – Sohn (SV)
4./5.	Philisterkritik: Kap. 1, S. 7–9; der irregeleitete Ehrgeiz der Erzieher: Kap. 2, S. 46–47; die Bildungseinrichtung Maulbronn: Kap. 3, S. 53–54	1. Philisterkritik; die Rolle der Erzieher 2. Die Kritik der Bildungseinrichtung Maulbronn	1. Das Stammtischgespräch mit verteilten Rollen vortragen. (SV) Wiederholung: Aspekte der Philisterkritik 2. Maulbronn: eine andere Welt?

Grundkurs-Sequenz (12–15 Stunden)
Die nachstehenden Vorschläge für die Unterrichtsgestaltung, die eine Unterrichtssequenz von 12–15 Stunden umfassen, verstehen sich als Maximalangebot, aus dem der Lehrer entsprechend der Unterrichtssituation auswählen und das er nach den Interessen der Schüler modifizieren wird.

	Hausaufgabe
2. Fragen nach möglichen literarischen Ausdrucksformen für die erlebten Konflikte: z. B. Tagebuch, Brief, Drama, Pamphlet, Protest-Song (UG) 3. Einführung des Romans UNTERM RAD durch Hesses eigene Äußerungen zur Entstehungsgeschichte (LV, Kopie, Mat. 8–10) (A): Einführung des Romans durch eine zeitgenössische Rezension (LV, Kopie Mat. 12)	Vorbereitung von . Kap. 1 und 2: das Vater-Sohn-Verhältnis, Hans' Außenseiterrolle in der Kleinstadt
3. In welchen Gegensätzen manifestiert sich der Lebenskonflikt Hans Giebenraths? Thematische Gegensätze und Gegensätze der Figuren, Räume, Zeiten.	Beim Stammtisch am Sonntagmorgen nach dem Kirchbesuch treffen sich Giebenrath, der Pfarrer und der Bürgermeister. Sie unterhalten sich über Hans' bevorstehendes Landexamen und seine ›Karriere‹. Schreiben Sie eine Gesprächsszene.(PRO)
Die Bildungsaufgabe Maulbronns (PA) Hesses Kritik an dieser Bildungseinrichtung (PA)	Lesen: Kap. 4: Hans Giebenraths Entwicklung in Maulbronn. Woran scheitert Hans?

Stunden	Thema	Didaktische Aspekte (Inhalte/Ziele)	Methodische Realisierung/ Verlauf
6./7.	Das Erzählmittel der Ironie, Kap. 1, S. 7–9; Kap. 2, S. 46–47; Kap. 3, S. 53–54	Formen und Wirkungsweise der Ironie	1. Ironie/Sarkasmus als uneigentliches Sprechen; Beispiele suchen und deuten (GA) (A): Einführendes KRef: Überblick über das Stilmittel der Ironie (z. B. nach: *METZLER LITERATURLEXIKON.* Hrsg.: G. und I. Schweikle. Stuttgart 1984)
8.	Der Ausbruch des Konflikts, Kap. 3 und 4	Hans Giebenraths Scheitern im Kloster Maulbronn: Ursachen und erzählerische Vermittlung	1. Hans' Anpassung und Verweigerung (GA) 2. Kurzporträts vorlesen; vergleichende Auswertung (PA)
9.	Natur und Kindheit, Badeszene: Kap. 1, S. 26–27; Angelszene: Kap. 2, S. 32–36; Kindheitserinnerungen: Kap. 5, S. 117–125; Kap. 6, S. 140–141	1. Die Funktion der Naturbeschreibungen 2. Die Funktion der Kindheitserinnerungen	1. Badeszene und Angelszene: Hans' Situation im Kontrast zu der geschilderten Atmosphäre. Die Beschreibung der Naturszenerie; die Wirkung der Natur auf Hans (je eine Szene in GA). Zusammenfassende Auswertung: Natur als Spiegel, Refugium und Gegenbild
10./ 11.	Pubertät und erste Liebe, Kap. 6 und 7	1. Pubertät als Zeit mühevoller Selbstfindung 2. Liebe als Selbstbegegnung und Herausforderung	1. Symptome der Selbstentfremdung, Entdeckung des Ich: Hans' Sensibilität, Emotionen, erwachende Sinnlichkeit (UG)

2. Die Funktion des auktorialen Erzählers (UG) 3. Erzählerkommentare und ihre Funktion (GA) 4. Figurenkommentare und ihre Funktion (GA) 5. Zusammenfassende Auswertung von 3. und 4.	1. Schreiben Sie Kurzporträts von Hans Giebenrath und Hermann Heilner. (PRO) 2. Lesen: Kap. 5
	1. Hans Giebenrath schreibt rückblickend über seine Freundschaft mit Hermann Heilner. (PRO) (A): Ein Schulkamerad schreibt über Hans' und Hermanns Freundschaft in Maulbronn. (PRO) 2. Lesen: Kap. 6.
2. Kindheitserinnerungen: die Funktion der Rückblenden. Wann erinnert sich Hans an seine Kindheit? Wie sieht er seine Kindheit? Wie ist seine Situation jetzt? Welche Reaktionen lösen die Kindheitserinnerungen in ihm aus? (je eine Szene in GA)	Lesen: Kap. 7: Wie erlebt Hans seine erste Liebe? Stichworte!
2. Angst vor der Liebe: Konfrontation mit der eigenen Sinnlichkeit, mit Wunschbildern, mit Verboten (PA zu je einem Aspekt)	Ist die Begegnung mit Emma für Hans Giebenrath eine beglückende Erfahrung oder ein Verhängnis? Auswertung der Unterrichtsergebnisse!

Stunden	Thema	Didaktische Aspekte (Inhalte/Ziele)	Methodische Realisierung/ Verlauf
12./ 13.	Hans Giebenraths Tod, Kap. 7	1. Ursachen für Hans Giebenraths Tod 2. Die Funktion der Vorausdeutungen	1. Scheitert Hans Giebenrath an seiner eigenen Labilität oder wird er ein Opfer seiner Umwelt? Welche Auslöser führen zu seinem Tod? (A): Argumente für beide Positionen sammeln; ein Pro- und Kontra-Streitgespräch führen, evtl. mit einem ›Moderator‹ nach dem Vorbild bekannter Fernsehtalkshows. (PRO)
14.	Hesses Jugend und der Roman *UNTERM RAD.* Zeugnisse zur Entstehung (Mat. 1–10)	1. Der biografische Hintergrund 2. Künstlerische Transformation des Selbsterlebten	1. Der Konflikt mit den Eltern: Dokumente aus Hesses Jugend (UG) (A): KRef: Hesses Kindheit und Jugend (z. B. nach B. Zeller: *HERMANN HESSE IN SELBSTZEUGNISSEN UND BILDDOKUMENTEN.*) 2. Vergleich: Hesses Biografie – *UNTERM RAD:* Ähnlichkeiten – Unterschiede. Wie wird Selbsterlebtes ›gebannt‹? Äußerungen Hesses über seinen Roman mit einbeziehen (SV, Mat. 8–10).
15.	Die Relevanz des Romans in seiner Zeit und heute. Zeugnisse zur Rezeption (Mat. 11–13)	1. Die zeitgeschichtliche Relevanz 2. Die Situation der Jugend in der Wilhelminischen Zeit 3. Aktualität des Konflikts?	1. Zeugnisse zur Rezeption (Kopie); erarbeiten der Positionen. (GA) 2. KRef: Erziehung in der Wilhelminischen Zeit (z. B. nach: W. Gottschalch: *SCHÜLERKRISEN.*)

2. Welche Momente im Text lassen uns vermuten, dass Hans Giebenrath scheitern wird? Titel, Faszination durch das Wasser, Rolle der Natur, das Rad als Dingsymbol (Vorbereitung durch GA, Auswertung: UG)
(A): KRef zu Form und Funktion der Vorausdeutung als Erzählmittel (z. B. nach: Eberhard Lämmert: *BAUFORMEN DES ERZÄHLENS*. Stuttgart 1972)

Welche Gegensätze bestimmen die Struktur des Romans *UNTERM RAD*? Zeigen Sie an ausgewählten Beispielen ihre Funktion. (Hier können Unterrichtsergebnisse verschiedener Stunden einfließen und der gesamte Roman nochmals vergegenwärtigt werden.)

Möglichkeiten der Kritik an gesellschaftlichen Missständen, dargestellt an Hesses Roman *UNTERM RAD*. Wie prangert Hesse die Missstände an? Wie wirkt seine Kritik auf den Leser? (Hier können die Unterrichtsergebnisse verschiedener Stunden einfließen: Ironie, Figurenkonstellation, Philisterkritik, Sprache, die Funktion der Gegenbilder.)

3. Herausarbeiten der aktuellen Bezüge (UG). Vorbereitung der Hausaufgabe: Protest-Song schreiben (PRO). Struktur des Liedes klären: ein gereimtes oder ungereimtes Gedicht, in dem ein oder zwei Zeilen beliebig oft wiederholt werden.

Schreiben Sie einen aktuellen Protest-Song. (PRO)

Leistungskurs (8 Stunden + Grundkurssequenz)
Die Unterrichtssequenz für den Leistungskurs ist additiv angelegt. Die Basis bildet die Sequenz des Grundkurses, die um literaturwissenschaftliche und zeitgeschichtliche Fragen erweitert wird. Vergleiche mit literarischen Werken, die eine

a) 1 Stunde (im Zusammenhang mit der Kritik an den Bildungseinrichtungen, 4./5. Std.)

Stunden	Thema	Didaktische Aspekte (Inhalte/Ziele)	Methodische Realisierung/ Verlauf
	Hesses Kritik an den Klosterseminaren seiner Zeit. Hesses Erzählung *Im Presselschen Gartenhaus* in Auszügen	1. Informationen über die Stiftsschulen 2. Hesses Kritik	1. KRef: Maulbronn und andere Stiftsschulen (z. B. nach: B. Zeller: *Hermann Hesse in Selbstzeugnissen und Bilddokumenten.*)

b) 2 Stunden (im Zusammenhang mit der Analyse der Erzählmittel, 6./7. Std.)

Stunden	Thema	Didaktische Aspekte (Inhalte/Ziele)	Methodische Realisierung/ Verlauf
	Die Erzählsituationen und ihre Funktionen: Auszüge aus Franz K. Stanzel: *Typische Formen des Romans.* Göttingen 1964	Unterschiedliche Erzählsituationen und ihre Erzählmöglichkeiten analysieren.	KRef zu den verschiedenen Erzählsituationen. Textproben zur Verdeutlichung möglicherweise aus Hesses Texten wählen: z. B. auktoriale Erzählsituation: *Das Glasperlenspiel*; Ich-

c) 1 Stunde (im Anschluss an die Analyse der Naturschilderungen und der Kindheitserinnerungen, 9. Std.)

Stunden	Thema	Didaktische Aspekte (Inhalte/Ziele)	Methodische Realisierung/ Verlauf
	Natur und Kindheit als Thema in Hermann Hesses Werk. Hesses Gedichte: »Meermittag«, »Im Grase hingestreckt« oder »Rückkehr« (Mat. 14–16)	1. Naturbilder als Sinnbilder elementarer Vitalität 2. Natur als Refugium und Spiegel 3. Das Verhältnis von Natur und Kindheit	In Arbeitsgruppen Übereinstimmungen und Unterschiede zwischen dem jeweiligen Gedicht und den Naturszenen und Kindheitserinnerungen in *Unterm*

ähnliche Thematik behandeln, vertiefen bestimmte Themenkomplexe. Hier besteht die Möglichkeit nach den Interessen der Schüler manche Themen ausführlicher zu behandeln. Außerdem werden Vorschläge zur selbstständigen produktiven Umsetzung der Unterrichtsergebnisse angeboten.

	Hausaufgabe
2. Hesses Erzählung *IM PRESSELSCHEN GARTENHAUS* als Beispiel seiner Kritik an den Stiftsschulen seiner Zeit (UG)	Zwei Zeitgenossen Hesses führen ein Streitgespräch über den Nutzen/Schaden der Stiftsschulen. Schreiben Sie die Dialoge. (PRO)

	Hausaufgabe
Erzählsituation: *DEMIAN;* personale Erzählsituation: *KLEIN UND WAGNER.*	Welche besonderen erzählerischen Möglichkeiten bietet die auktoriale Erzählsituation im Roman? Selbst gewählte Beispiele aus *UNTERM RAD* analysieren.

	Hausaufgabe
RAD feststellen (GA). Fördert die Kenntnis der Gedichte das Verständnis des Romans?	Interpretation eines Naturgedichts

d) 1 Stunde (im Anschluss an die Sequenz über Pubertät und erste Liebe, 10./11. Std.)

Stunden	Thema	Didaktische Aspekte (Inhalte/Ziele)	Methodische Realisierung/ Verlauf
	Pubertätskonflikte. Peter Weiss: ABSCHIED VON DEN ELTERN (1961), ausgewählte Passagen	Der Vergleich mit einem modernen autobiografischen Text regt dazu an, Konstanten und Variablen der Pubertätskonflikte zu entdecken.	Nach der Lektüre ausgewählter Passagen aus Peter Weiss' Roman Diskussion beider Texte im Vergleich: Welche Konflikte schildern beide Texte? Worin unterscheiden sich die beiden Texte? Welcher Text spricht Sie eher an und warum?

e) 1 Stunde (im Anschluss an die Betrachtung der Entstehungsgeschichte, 14. Std.)

Stunden	Thema	Didaktische Aspekte (Inhalte/Ziele)	Methodische Realisierung/ Verlauf
	Autoritätskonflikte. Franz Kafka: BRIEF AN DEN VATER in Auszügen (Mat. 17)	Der Vergleich beider Texte verdeutlicht unterschiedliche Formen der Auseinandersetzung mit der Autorität.	Den BRIEF AN DEN VATER vorlesen, zunächst ohne Nennung des Autors (LV); Vermutungen anstellen lassen, ob es sich wohl um einen-

f) 2 Stunden (im Anschluss an die Sequenz über die Relevanz des Romans in seiner Zeit und heute, 15. Std.)

Stunden	Thema	Didaktische Aspekte (Inhalte/Ziele)	Methodische Realisierung/ Verlauf
	Schülerkrisen und ihre Darstellung. Emil Strauß: FREUND HEIN (1902) in Auszügen	1. Welche Positionen werden im Roman gegenübergestellt? 2. Exemplarische Analyse des Typus Schulgeschichte: Welche Elemente sind konstitutiv, welche variabel? Welche Möglichkeiten hat ein Roman, eine Erzählung, an der Institution Schule Kritik zu üben? 3. Übertragbarkeit dieser Erzählmittel auf die Kritik an anderen Missständen	1. Die Positionen Heiners, seines Vaters und seines Freundes Karl Notwang charakterisieren. Anschließend in freier Rede und Gegenrede die Argumente aufeinander treffen lassen: Je ein Schüler bezieht die Position einer Figur und vertritt in seinen eigenen Worten ihre Meinung. (GA)

Evtl. anschließende Diskussion über Pubertätskonflikte in unserer Zeit. (UG)

Schreiben Sie ein rhythmisiertes Prosagedicht (zuvor im Unterricht ein Beispiel mit einem beliebigen Reizwort vorgeben!) mit 5 oder 6 Zeilen. Jede Zeile beginnt mit den Worten *Ich werde* ... (PRO)

nen realen Brief handelt. Dann den Text als literarisches Zeugnis betrachten, die Lebensumstände des Autors kurz einblenden (KRef). *Kafkas* Umgang mit der Autorität, *seine* Mittel der Kritik herausarbeiten (PA). Abschließender Vergleich der literarischen Mittel in beiden Texten (UG).

Schreiben Sie einen fiktiven Brief an eine Autoritätsperson, in dem Sie sich über ein erlittenes Unrecht, einen Missstand beklagen! (PRO)

2. Analyse der Erzählmittel: Figurencharakteristik und -konstellation, Ironie, Vorausdeutungen, Identifikationsstrukturen. Die bei der Analyse von UNTERM RAD gewonnenen Einsichten auf die Untersuchung dieses Romans übertragen. Die verschiedenen Aspekte in Kleingruppen bearbeiten lassen. (GA)
3. Lassen sich diese Erzählmittel für die Kritik an einem aktuellen gesellschaftlichen Missstand einsetzen? Vorbereitung der Hausaufgabe durch Stichworte. (UG)

Schreiben Sie eine kurze ironische Skizze (z. B. einen Leserbrief) oder eine Szene (z. B. ein Pausengespräch auf dem Schulhof) zu einem aktuellen gesellschaftlichen Missstand (z. B. Jugendarbeitslosigkeit, Umweltverschmutzung). (PRO)

3 Produktionsorientierte Arbeitsvorschläge

1. Verfassen einer fiktiven Zeitungsmeldung/eines Zeitungsberichts über Hans Giebenraths Tod: wahlweise als Meldung für die *BILD*-Zeitung oder als Bericht für eine lokale Tageszeitung.
2. Hans Giebenraths Tagebuch: Eintragungen schreiben, die aus seiner Sicht ein Bild seiner Entwicklung zeichnen.
3. Dramatisierung der Prosavorlage und Aufführung
   a) Auswahl wichtiger Szenen
   b) Schreiben der Dialoge (ausgehend von den zahlreichen Dialogen im Roman).
   c) Bühnenbild: z. B. Fotos der Familie Hesse, Fotos von Maulbronn und Calw passend zu den Szenen projizieren (z. B. aus: Volker Michels: *Hermann Hesse. Sein Leben in Bildern und Texten*).
4. Hörspielfassung
   a) Auswahl wichtiger Szenen
   b) Auswahl der wichtigsten Figuren
   c) Schreiben und Sprechen der Dialoge
   d) Aufnahmen von Geräuschen: z. B. Stammtischgespräche in der Gaststätte, Bahnhofsgeräusche, Wasserrauschen, Zikaden, Vögel, Wind in den Blättern, Winterstürme, Lärm in den Klassenräumen, Hämmern und Feilen in der Schmiede, Knirschen der Keltern, Glockenläuten.

4 Klausurvorschläge

Sek. I:

1. Welches Bild der Schule entwirft Hesses Roman *Unterm Rad*?
2. S. 7–9: Charakterisieren Sie das Verhältnis zwischen Vater und Sohn, Philister und Außenseiter. Welche Erzählmittel verdeutlichen den Autoritätskonflikt?
3. S. 88–91: Schildern Sie den Einfluss Hermann Heilners auf Hans Giebenrath. Welche Bedeutung kommt diesem Freundschaftsbund im Gesamtzusammenhang des Romans zu?

Sek. II:

GK

1. S. 163–165: Deuten Sie Hans Giebenraths Tod als Unfall oder als Selbstmord? Begründen Sie Ihre Interpretation aus dem Text.
2. S. 46–47; S. 53–54: Erläutern Sie die Wirkungsweise der Ironie in *Unterm Rad*.
3. Untersuchen Sie die Rolle der Vorausdeutungen in *Unterm Rad*.

LK

1. S. 26; S. 32–36: Untersuchen Sie die Rolle der Natur in diesem Roman.
2. Kann Ihrer Meinung nach Hesses Erzählung *Unterm Rad* in ihrer kritischen Intention den heutigen Leser auch zur Kritik aktueller gesellschaftlicher Zwänge hinführen?
3. Untersuchen Sie die Figurenkonstellation in *Unterm Rad*. Welche Bedeutung gewinnt sie für die Darstellungsabsicht des Romans?

5   Materialien

(Die Materialien 1–6 sind Auszüge aus: Ninon Hesse (Hrsg.): Kindheit und Jugend vor Neunzehnhundert. Hermann Hesse in Briefen und Lebenszeugnissen 1877–1895. Frankfurt 1966.)

Aus dem Tagebuch von Marie Hesse   7./8. März 1892   **Material 1**

Um 5 Uhr kommt der Postmann und ruft vor der Stubentür laut: »Ein Telegramm!« [...]
»Hermann fehlt seit zwei Uhr. Bitte um etwaige Auskunft«. Welcher Schrecken! Was
hat's gegeben? Adele bringt Johannes die Hiobspost und dieser telegraphiert zurück:
»Wir wissen nichts. Bitte Beruhigung telegraphieren!« Nachts 9 [Uhr] kam wieder
ein Telegramm: »Alle Schritte getan, bis jetzt ohne Erfolg«. War das eine Schmer-
zensnacht!
[...] Zuerst hatte mich die Angst, Hermann sei in besondere Sünde und Schande gefallen, es sei dem Entweichen etwas besonders Böses vorausgegangen ganz qualvoll
gefoltert, so daß ich ganz dankbar wurde, als ich endlich das Gefühl bekam, er sei in
Gottes barmherziger Hand, vielleicht schon ganz bei Ihm, erlöst, gestorben. In einem der von ihm so bewunderten Seen ertrunken? [...] Jedes Unglück, jedes bloße
in Gottes Hand fallen, schien mir leichter zu tragen als Verschuldung von Hermanns
Seite [...]

Johannes Hesse an H. H.   Calw, 10. März 1892   **Material 2**

Lieber Sohn!
Heute Morgen kam Dein Brieflein. Du bittest, wir möchten Dich lieben nach wie
vor. Ich kann Dich versichern, daß unsre Liebe nur wächst in dem Maaße als wir in
Sorge um Dich sind. Liebe ist Sehnsucht nach Gemeinschaft, nach Übereinstimmung. Uns verlangt danach, mit Dir eins zu werden. Sobald wir merken, daß Dir an
unsrer Liebe gelegen ist, freuen wir uns schon. Wir sehen darin ein Angeld dafür,
daß es noch zur völligen Übereinstimmung kommen kann. *Unser* höchster Lebenszweck ist, Gott zu gefallen und Ihm in Seinem Reich zu dienen. Wenn das auch *Dein*
Lebenszweck geworden ist, dann *haben* wir Gemeinschaft untereinander, dann ist
alles Licht, Liebe und Freiheit. Solange das nicht der Fall ist, ist ein völliges Verständnis und darum auch ein völliges Einverständnis nicht möglich. Da wird auf unsrer
Seite immer die Sorge und Bangigkeit vorherrschen, auf Deiner Seite das Mißtrauen
oder die Gleichgültigkeit.
Es gibt eine Liebe der Sehnsucht, des Mitleids – so hat Gott die Welt geliebt als er
Seinen Sohn sandte, und so liebt er sie noch, um sie zu gewinnen. Dann gibts aber
auch eine Liebe des Wohlgefallens und der innigsten Zusammenstimmung und – so
heißt's bei Gott von Jesus: dies ist mein lieber Sohn, an welchem ich Wohlgefallen
habe; und so ist auch Freude im Himmel über jeden Sünder, der Buße tut. »Und fin-
gen an fröhlich zu sein«, Luk. 15,24!
O wie wollen wir uns freuen und wie wird all unsre Liebe belohnt, d. h. eben *erwi-
dert* sein, wenn Du einmal glaubst und verstehst, daß wir auch beim Ermahnen und
Strafen nie etwas anderes gesucht haben als eben – *Deine* Liebe – Dich selbst. Haben
wir einander *so* gefunden, dann sind wir für alle Ewigkeit – weil in Gott, dem Ewigen – geeint. Das sind keine Phrasen. Das sind die einzigen wirklichen Realitäten.
Alles andere, alles Irdische ist im besten Fall – nur ein Gleichnis, im schlimmeren

Fall ein Schein, eine Täuschung. Also – an unsrer Liebe soll's nicht fehlen. Wir bitten aber um die Deine.

[…] Gott *will*, daß wir auch Unangenehmes ertragen, und jeder Verständige *weiß*, daß Selbstüberwindung der einzige Weg zum wahren Glück ist.

Also bitte, schicke Dich in Dein Schicksal, lerne Geduld. Gehe in die Stille. Wolle jetzt nichts als ein fleißiger treuer Schüler und ein gehorsamer Sohn sein. Wer im Kleinen treu ist, den wird Gott über viel setzen […]

Material 3

Professor W. Paulus an Johannes Hesse, Maulbronn, 11. März 1892

Sehr geehrter Herr,

gestern ist im Lehrerkonvent über die Bestrafung Ihres Sohnes Hermann beraten worden, und ich habe die Pflicht, Sie von dem gefaßten Beschluß in Kenntnis zu setzen. Wir waren darin einig, daß die Verfehlung Hermanns nicht als vorbereitetes und zweckbewußtes Entweichen anzusehen, auch nicht eine Äußerung des Mutwillens oder Trotzes sei, und daß die große geistige Aufregung und Störung, in welcher er gehandelt hat, als Milderungsgrund betrachtet werden müsse. Es wurde deshalb eine Karzerstrafe von 8 Stunden festgesetzt, welche Hermann von $1/2$1–$1/2$9 Uhr verbüßen wird.

Außerdem war es die übereinstimmende Ansicht des Konvents, daß das Verbleiben Hermanns im Seminar in doppelter Hinsicht nicht wünschenswert sei. Nämlich erstlich in seinem eigenen Interesse. Es ist bei der Untersuchung seines Vergehens an den Tag getreten, daß es ihm in hohem Grad an der Fähigkeit fehlt, sich selbst in Zucht zu halten und seinen Geist und sein Gemüt in die Schranken einzufügen, welche für sein Alter und für eine erfolgreiche Erziehung in einem Seminar notwendig sind. Wir sind daher der Überzeugung, daß für ihn der Besuch eines Gymnasiums, wenn er dabei in einer Familie untergebracht würde, wo er zu gleicher Zeit in fortwährender Zucht und Überwachung stünde und dabei durch das Familienleben gemütliche Anregung fände, um vieles vorteilhafter sein müßte. Fürs zweite aber glauben wir, daß sein Aufenthalt im Seminar für seine Mitschüler eine Gefahr werden könnte. Er ist zu erfüllt von überspannten Gedanken und übertriebenen Gefühlen, denen sich hinzugeben er nur zu geneigt ist. Wenn er nun diese seinen Kameraden mitteilt, so wird er entweder, wie dies bisher der Fall war, kein Verständnis finden und sich infolge davon, nach seiner eigenen Aussage, vereinsamt und verkannt fühlen, oder aber, und das wäre eben mit der Zeit doch zu fürchten, wird er auch andere in seine unnatürliche und ungesunde Gedanken- und Gefühlswelt hineinziehen […]

Material 4

H. H. an Johannes und Marie Hesse vom 20. März 1892

Während des Ausflugs selber hatte ich wenig Kopfweh, jetzt aber noch mehr als vorher. Ich bin so müde, so kraft- und willenlos; ich arbeite, soviel ich eben muß, privatim treibe ich gegenwärtig gar nichts. Ich bin so froh, wenn ich einen Augenblick habe, an dem ich nicht gehen, nicht denken muß. Aber deren gibts wenige. Ich bin nicht krank, nur eine mir ganz ungewohnte Schwäche fesselt mich: Ich kann mich kaum mehr ärgern, aber ich kann mich auch nicht freuen, nicht über den goldenen Sonnenschein, nicht über die nahen Ferien. Am liebsten ist mir's, wenn ich ein Viertelstündchen im Ostwind sitzen kann, oben auf dem rebengeschmückten Berg; da ist kein Haus, kein Mensch; ich denke an nichts, tue nichts, und freue mich über den Sturm, der mir die Augen und die Schläfe kühlt. Sogar der göttliche Messias, sogar

Homers unsterblicher Gesang fesselt mich nimmer; mein Schiller liegt einsam da, nur hin und wieder lese ich Klopstocks gigantische Klage in den Oden. Meine Füße sind immer eiskalt, während es ganz innen im Kopf brennt, und wenn ich in der Freizeit überhaupt an etwas denke, so ists das schöne Lied Herweg[n]s, das mir vorschwebt:

»Ich möchte hingehen wie das Abendrot
Und wie der Tag mit seinen letzten Gluten« etc.

Das Schwerste mußte ich gestern erleben, den Abschied von meinem Wilhelm, der mich so ganz verstand und kannte, der nach meinem Fall noch den sonst Verachteten liebte und Freud und Leid mit mir teilte. Trauernd gab er mir gestern einen Brief seines frommen und biederen Vaters zu lesen, der mir deutlich zeigte, daß ich auch von Wilhelms Eltern verachtet werde, und dessen Inhalt so ziemlich der Befehl zur Trennung war […]

[21. August 1892]

Leb wohl, du altes Elternhaus,
Ihr werft mit Schande mich hinaus,
Ade, ihr Lieben (?) groß und klein,
Von neuem bin ich jetzt allein!

Leb wohl, du Gott der ganzen Welt
Dem man den Bügel dienend hält,
Vom Dienen bin ich dumpf und matt,
Das Dienen hab ich lange satt.

Zum Teufel geht die Freiheit auch,
Sie war ja immer höchstens Rauch,
Ich werd' ins Irrenhaus geschickt,
Wer weiß – ich bin wohl gar verrückt.   H. Hesse

H. H. an Johannes und Marie Hesse [I.] September 1892

Material 5

[…] Ein unseliges Jahr, 1892! Düster hat es im Seminar begonnen, dann selige Wochen in Boll, getäuschte Liebe, jäher Abschluß! Und jetzt: alles habe ich verloren: Heimat, Eltern, Liebe, Glaube, Hoffnung und mich selbst. Offen gestanden, ich sehe und bewundere eure Opfer, aber eigentlich Liebe? Nein. –! Stetten ist mir die Hölle. Wenn das Leben des Wegwerfens überhaupt wert wäre, wäre das ganze Leben nicht ein bald heiterer, bald schwarzer Wahn – ich möchte mir den Schädel an diesen Mauern einrennen, die mich von mir selbst trennen. Und dazu dieser trübe Herbst und der nahe schwarze Winter. Ja, ja, es ist Herbst, Herbst in der Natur und im Herzen: Die Blüten fallen ab, das Schöne flieht und eisige Kälte bleibt zurück. Und ich bin der Einzige unter einigen Hunderten von entmenschten Irren, der dies fühlt. Fast wünschte ich mir den Irrsinn, es muß unendlich süß sein, alles, alles verschlafen, vergessen zu können, Lust und Leid, Leben und Schmerz, und Liebe und Haß! […]

Material 6   H. H. an Johannes und Marie Hesse, Stetten, 11. September 1892

[...] Ihr seht nach diesem elenden Leben ein besseres, während ich mir's ganz anders denke und darum dies Leben entweder wegwerfen oder etwas davon haben möchte. Was hilft es auch einmal, wenn ich gelernt habe, mich wie ein Drescher aufzuführen etc.: Papa nennt Stetten den »besten« Ort, weil ich da dingfest bin und Ihr mich sicher los seid. O glaubt, diese kalten Erklärungen meinerseits sind's nicht, die mich erfüllen und bewegen, nein, es ist ein wehmütiger Schmerz um den verlorenen ewigen Frühling etc., ein Heimweh, aber nicht nach Calw, sondern nach etwas Wahrem. Ich sehe aber in Leben und Treiben, Hoffen und Lieben nur Wahn, nur Empfindung; wie Turgenjeff sagt:»Dunst, Dunst«! Wenn ich vor Monaten mein jetziges Leben gesehen hätte, hätte ich's für einen bösen und unmöglichen Traum gehalten. Dieser kalte, halb gelehrte, halb praktische Pfarrer mit seinen Predigten, diese ungebildeten Wärter, diese Kranken mit den abstoßenden Gesichtern und Manieren, etc., etc., alles ist mir in der Seele verhaßt und wie gemacht, einem jungen Menschen zu zeigen, wie elend dieses Leben mit Allem ist. Was habe ich immer für gute Musik, gute Poesie etc. gegeben!: Von alledem hier keine Spur, die nackteste, ausgesucht finsterste Prosa. Es wäre anders, wenn ich hier aufgewachsen wäre. Wie der eben ausgeschlüpfte Schmetterling könnte ich mich dann später der Sonne freuen. Aber ich kenne die Sonne: Sperret den ausgeschlüpften Schmetterling wieder ein! Doch wozu diese Erklärungen, Ihr seid in Calw und nicht in Stetten, ich bin in Stetten und nicht in Calw. Ihr atmet eine andre Luft als ich, »Hermann in Stetten« ist Euch fremd, ist Euer Sohn nicht. Die Gartenarbeit ist mir verhaßt, und seit ich hier bin, war ich erst einigemal im Garten, obgleich ich jeden Tag gehen »sollte«. »Mein Vater konnte mich nicht brauchen und hat mich nach Stetten geschickt« und damit basta. Da sitze ich, weil ich anderswo nicht sein darf und weine über mich, während ich über den Inspektor lache. Ich lasse mich von ihm nicht zwingen. Wenn er erfährt, daß ich nicht im Garten oder im Livius arbeite, so gibt er mir zu wenig zu essen u. ä., vielleicht droht er auch mit Zellenluft. Er mag's tun.

Meine letzte Kraft will ich aufwenden, zu zeigen, daß ich nicht die Maschine bin, die man nur aufzuziehen braucht. Man hat mich mit Gewalt in den Zug gesetzt, herausgebracht nach Stetten, da bin ich und belästige die Welt nimmer, denn Stetten liegt außerhalb der Welt. Im Übrigen bin ich zwischen den vier Mauern mein Herr, *ich gehorche nicht und werde nicht gehorchen.*

Wenn der Inspektor es merkt, wird es furchtbare Auftritte geben, ich werde geschunden werden, es geschieht ja alles *zu meinem Besten!*

Für's Elternhaus, für die Familie hat mich die Natur, wie mir scheint, nicht bestimmt, doch dürft Ihr nicht sagen wie Posa:

»Wie arm bist du, wie bettelarm geworden,
    Seitdem du niemand als dich selber liebst.«

Dies verdiene ich nicht. Ich liebe mich selber, wie jeder, aber nicht deshalb kann ich hier nicht leben, sondern weil ich eine andere Atmosphäre brauche, um meinen Zweck als Mensch erfüllen zu können und – zu wollen. Ihr seht, ich strenge mich an, alles objektiv zu erklären, alle Einwendungen im voraus abzuschlagen; denn ich möchte endlich eine Entscheidung. Sagt so – und ich werde Fremde in Euch sehen, sagt so – und ich kann leben und schaffen.

[...] Und jetzt frage ich, nur als Mensch, (denn ich erlaube mir, gegen Euren Willen und meine 15 Jahre, eine Ansicht zu haben): Ist es recht, einen jungen Menschen, der außer einer kleinen Schwäche der Nerven so ziemlich ganz gesund ist, in eine

»Heilanstalt für *Schwachsinnige und Epileptische*« zu bringen, ihm gewaltsam den Glauben an Liebe und Gerechtigkeit und damit an einen Gott zu rauben? Wißt Ihr, daß ich, als ich das erstemal von Stetten kam, wieder leben und ringen wollte und daß ich jetzt, so ziemlich geheilt, innerlich kränker bin als je? Wäre es nicht besser, ein solcher würde mit einem Mühlstein um den Hals in's Meer versenkt, da es am tiefsten ist? […] Es ist jedenfalls sehr, sehr merkwürdig, daß es für einen jungen Mann von 15 Jahren, der nervös, sonst ganz gesund ist, Schule besucht hat etc., etc., gar, gar keinen Ort in der unendlichen Welt gibt als – Stetten im Remstal, Schloß No. 29. Wenn ich mehr Geld und auch menschliche Gesellschaft hätte, würde ich all dies im Wirtshaus vergessen. Dahin hat die elterliche Liebe den Sohn, mit dem man es ja so engelgut meint, gebracht, daß er sich um einen tollen Nachmittag in Gesellschaft verkaufen würde. […] Und hier wird jegliches Ideal, jede Liebe profaniert, mißverstanden, verlacht. Ihr sagt, ich habe noch ein ganzes Leben vor mir. Allerdings, aber die Jugend ist das Fundament, da ist das Herz noch empfänglich für Gutes und Böses. Aber ach, ich vergesse, daß Ihr andere Menschen seid, ohne Makel und Fehl, wie die Statue, aber ebenso tot. Ja, Ihr seid echte, wahre Pietisten, wie Nikodemus (?): ein Jude, in dem kein Falsch ist. Ihr habt andere Wünsche, Anschauungen, Hoffnungen, andre Ideale, findet in Andrem Eure Befriedigung, macht andre Ansprüche an dieses und jenes Leben; Ihr seid Christen, und ich – nur ein Mensch […]

H. H. an Johannes Hesse, Stetten, 14. September 1892

Sehr geehrter Herr!

Da Sie sich so auffällig opferwillig zeigen, darf ich Sie vielleicht um 7 DM oder gleich um den Revolver bitten. Nachdem Sie mich zur Verzweiflung gebracht, sind Sie doch wohl bereit, mich dieser und sich meiner rasch zu entledigen. Eigentlich hätte ich ja schon im Juni krepieren sollen.

Sie schreiben: Wir machen Dir gar keine »schrecklichen Vorwürfe« weil ich über St[etten] schimpfe. Dies wäre auch mir durchaus unverständlich, denn das Recht zu schimpfen darf man einem Pessimisten nicht nehmen, weil es sein einziges und letztes ist.

»Vater« ist doch ein seltsames Wort, ich scheine es nicht zu verstehen. Es muß jemand bezeichnen, den man lieben kann und liebt, so recht von Herzen. Wie gern hätte ich eine solche Person! Könnten Sie mir nicht einen Rat geben. In alter Zeit war das Fortkommen leicht: jetzt ist's schwer, ohne Scheine, Ausweise etc. durchzukommen. Ich bin 15jährig und kräftig, vielleicht könnte ich an der Bühne unterkommen? Mit Herrn Schall mag ich nicht verhandeln, der herzlose Schwarzfrack ist mir verhaßt, ich könnte ihn erstechen. Er gönnt mir keine Familie, so wenig als Sie oder irgend jemand.

Ihre Verhältnisse zu mir scheinen sich immer gespannter zu gestalten, ich glaube, wenn ich Pietist und nicht Mensch wäre, wenn ich jede Eigenschaft und Neigung an mir ins Gegenteil verkehrte, könnte ich mit Ihnen harmonieren. Aber so kann und will ich nimmer leben und wenn ich ein Verbrechen begehe, sind nächst mir Sie schuld, Herr Hesse, der Sie mir die Freude am Leben nahmen. Aus dem »lieben Hermann« ist ein andrer geworden, ein Welthasser, eine Waise, deren ›Eltern‹ leben. Schreiben Sie nimmer »Lieber H.« etc.; es ist eine gemeine Lüge.

Der Inspektor traf mich heute zweimal, während ich seinen Befehlen nicht nachkam. Ich hoffe, daß die Katastrophe nimmer lang auf sich warten läßt. Wären nur Anarchisten da!

H. Hesse, Gefangener im Zuchthaus zu Stetten, wo er »nicht zur Strafe« ist. Ich beginne mir Gedanken zu machen, *wer* in dieser Affäre schwachsinnig ist [...]

Material 8

Hermann Hesse über seine Erzählung »Unterm Rad«

UNTERM RAD wird nächstes Jahr als Buch erscheinen, in Kleinigkeiten gemildert. Hoffentlich nimmst Du an den paar salzigen Stellen nicht zu sehr Anstoß. Die Schule ist die einzige moderne Kulturfrage, die ich ernst nehme und die mich gelegentlich aufregt. An mir hat die Schule viel kaputtgemacht, und ich kenne wenig bedeutendere Persönlichkeiten, denen es nicht ähnlich ging. Gelernt habe ich dort nur Latein und Lügen, denn ungelogen kam man in Calw und im Gymnasium nicht durch – wie unser Hans beweist, den sie ja in Calw, weil er ehrlich war, fast umbrachten. Der ist auch, seit sie ihm in der Schule das Rückgrat gebrochen haben, immer unterm Rad geblieben.

(Brief an Karl Isenberg vom 25. 11. 1904; in: Gesammelte Briefe, Bd. I, S. 130.)

Material 9

HERMANN HESSE: »Erinnerung an Hans« (1936)

Die Lateinschule, welche auch mir viele Konflikte gebracht hatte, wurde für ihn [seinen Bruder Hans] mit der Zeit zur Tragödie, auf andere Weise und aus anderen Gründen als für mich, und wenn ich später als junger Schriftsteller in der Erzählung UNTERM RAD nicht ohne Erbitterung mit jener Art von Schulen abrechnete, so war das leidensschwere Schülertum meines Bruders dazu beinah ebenso sehr Ursache wie mein eigenes. Hans war durchaus gutwillig, folgsam und zum Anerkennen der Autorität bereit, aber er war kein guter Lerner, mehrere Lehrfächer fielen ihm sehr schwer, und da er weder das naive Phlegma besaß, die Plagereien und Strafen an sich ablaufen zu lassen, noch die Gerissenheit des Sich-Durchschwindelns, wurde er zu einem jener Schüler, von denen die Lehrer, namentlich die schlechten Lehrer, gar nicht loskommen können, welche sie nie in Ruhe lassen können, sondern immer wieder plagen, höhnen und strafen müssen.

(In: Gesammelte Werke in 12 Bänden, 3. Aufl., Frankfurt, 1973, Bd. 10, S. 199 ff.)

Material 10

HERMANN HESSE: »Begegnungen mit Vergangenem« (1953)

In der Geschichte und Gestalt des kleinen Hans Giebenrath, zu dem als Mit- und Gegenspieler sein Freund Heilner gehört, wollte ich die Krise jener Entwicklungsjahre darstellen und mich von der Erinnerung an sie befreien, und um bei diesem Versuch das, was mir an Überlegenheit und Reife fehlte, zu ersetzen, spielte ich ein wenig den Ankläger und Kritiker jenen gegenüber, denen Giebenrath erliegt und denen ich selber beinahe erlegen wäre: der Schule, der Theologie, der Tradition und Autorität.

(In: Gesammelte Werke, a.a.O., S. 347 ff.)

WILHELM HEGELER: Rezension zu »Unterm Rad«

Unterm Rad nennt Hermann Hesse seine neue Geschichte und hat darin schildern wollen, wie ein fein und edel begabter Knabe von den Rädern der großen Geisteszurichtungsmaschine, die sich Schule nennt, zerbrochen und zermahlen wird, wie vernunftlose und unbarmherzige Lehrer ihn vor der Zeit dem glücklichen Kindheitsschlummer entreißen, seiner zarten und unfertigen Seele den Ehrgeiz des Mannes einimpfen und seinem nach der bunten Fülle der Natur verlangenden Geist Wissenschaft, nichts als Wissenschaft als Nahrung vorsetzen, bis das arme Pflänzchen dahinsiecht, wurzellos, kraftlos, und schließlich dahinsinkt in den Tod. Das hat er schildern wollen als scharfer Ankläger, als Ironiker und Tendenzler, der rücksichtslos mit dem Finger hindeutet auf bestimmte Schäden, schlechte Institutionen und einem ganzen Stande zornige Worte der Entrüstung zuwirft. Doch selten habe ich gelindere Ironie und laueren Spott gelesen und eine Tendenz, die sich so sehr selbst ein Schnippchen schlägt. Seltsam, aber rührend und anheimelnd zugleich ist es, zu sehen, ein wie schlechter Tendenzschriftsteller Hesse ist und wie er es darum ist, weil er ein so guter und reiner Dichter ist. Denn der Tendenzschriftsteller muß stets stacheln und sticheln, vor allem aber muß er verhüllen, daß er Tendenz schreibt. Darum legen die Klugen dieses Schlags ihre Angriffe und Bosheiten stets andern Leuten in den Mund, am liebsten natürlich Vertretern der angegriffenen Sache selbst. Aber Hesse schildert mit seinen hellen und im Grund milden Augen getreulich alles so, wie er es gesehen hat, unterstreicht und färbt nicht, sondern ist ehrlich, man möchte fast sagen, wider Willen. [...]

Das Leben eines feinen träumerischen Knaben, der aber nie gemacht war, eine Leuchte der Wissenschaft zu werden, gibt das Buch und ist erfüllt von dem sehnsüchtigen Schmerz um dahingegangene Jugend, um ihre Unschuld, ihre Sorglosigkeit, ihr regenbogenfarbenes Dämmern – die immer dahingehen wird und erbleichen unter dem harten Licht des Lebens. Anklage war beabsichtigt, aber die Elegie des Dichters ist daraus geworden.

(Aus: Das literarische Echo. Jg. 8, Heft 4 vom 15. 11. 1905, Sp. 294 f.)

T(HEODOR) H(EUSS): Rezension zu »Unterm Rad«

Das Buch, das vor uns liegt, hält die kurze Geschichte eines schwäbischen Knaben, dessen stilles und reines Leben von der »wohlwollenden« und schrecklichen Maschine der Gewohnheit und Gewöhnlichkeit aufgerieben und zerdrückt wird. Man hat in Württemberg die berüchtigte Einrichtung des »Landexamens«, wonach jährlich ein paar Dutzend vierzehnjähriger Knaben von der Heimat weggeholt, vom Staat zusammengebracht und auf seine Kosten mit klassischer Bildung angetan werden, die sie nach der Tübinger-»Stifts«zeit zum Pfarr- und höheren Lehramt geeignet macht. Das »Landexamen« und das erste »Seminar«halbjahr bilden den Rahmen der Erzählung. Hans Giebenrath, ein kluger und pflichteifriger, aber sehr zarter Junge, wird das Opfer dieses Systems, hinter dem treibend, anfeuernd und lebenertötend verständnisloser Ehrgeiz des kleinbürgerlichen Vaters und robuster Philologenseelen steht: Der schwache Körper und die menschensuchende Seele brechen zusammen unter der Last, die solches Leben auf sie häuft. Ein Tendenzwerk? Ja, dort, wo es mit warmen Worten das Recht der Jugend auf eine Jugend verlangt. Was das Buch aus der Flut der übrigen erhebt, ist nicht seine Fabel, sondern deren Entwicklung und Ablösung. Es ist ein stilles, aber doch kräftiges und keineswegs sentimentales Buch, reich an sicheren und farbigen Episodenbildern, der Aufbau einfach, übersichtlich, die Sprache von einem freien und wohltuenden Rhythmus. Was besonders des Rühmens wert ist, ist die seltene künstlerische Geschlossenheit und Einheitlichkeit. Deshalb mag diese Besprechung eine warme Empfehlung sein.

(Aus: Die Hilfe. Jg. 1, 1905, Nr. 50, S. 11–12)

Material 13

JULIE SPEYER: Rezension zu »Unterm Rad«

Die Renaissance des deutschen Romans hat neben Künstlern der Impression und der Beleuchtung ein Wiederaufleben des von Gottfried Keller meisterhaft vertretenen poetischen Realismus gezeigt – Frenssen, Stehr, Thomas Mann, Emil Strauß und Hermann Hesse sind die Namen, die in erster Linie zu nennen sind. Die Qualität dieser Kunst beruht auf der Kraft der Beobachtung und Gestaltung. Der Held der Bücher ist das Leben in seiner realen Sichtbarkeit und die Tragik notgedrungen die Gemeinheit, die Verständnislosigkeit, die brutale Gewalt, an der ein müder träumerischer Sinn, dekadente Zartheit und hilflose Seelenreinheit scheitern. Das Erfassen der Umwelt, in der Hingabe an die Arbeit, diese maßvolle Mitte zwischen Schwung und Nüchternheit, die sich auslebende Gesundheit und Behaglichkeit begünstigt: diese Ideale des deutschen Bürgertums sind hier wahrhaftig zum Stil von Kunstwerken geworden, was die außerordentliche Verbreitung dieser künstlerisch belangvollen Bücher erklärt. Die Urkraft jedes einzelnen Künstlers wird über die Entwicklung dieses Stiles entscheiden, ob er in Banalität, Farblosigkeit und Leere verdorren, oder in der Kostbarkeit in Schwung und Glut dichterischer Größe erblühen wird. […]
Und wo ist die Süße, was sind die »Tugenden« dieses Buches? Hesse »beherrscht« seinen Stoff. Seine Kraft zu »überblicken«, abzumessen, zu begründen, zu wägen und zu rechnen, mit einem Wort zu bauen, läßt seine Darstellungskunst bis zu einem Grad von Körperhaftigkeit gelangen, die den Schein der wunderbaren »geschauten« Sichtbarkeit des großen Epikers hat, dessen Grundprinzip – die Sichtbarkeit handelnder und leidender Gestalten – ihn ganz durchdrungen hat. Die Plastik des Geschehens, zu der er dabei gelangt, kann von solcher Körper- und Bildhaftigkeit sein, daß trotz der trüb gemischten Elemente dieser Kunst sein Poetisches den Geschmack klarster und reinster Quellen birgt.

(Aus: Die Schaubühne. Jg. 2, Nr. 27 vom 5. 7. 1906, S. 15 f.)

Material 14

HERMANN HESSE: Meermittag

Das ist so süß wie Traum und Tod:
Von Glut und Stille müd und schwer
Zu ruhn in einem Fischerboot
Im herben Duft von Salz und Teer.
Der kurzen Pfeife Wolkenspiel
Folgt lang das Auge ohne Ziel,
Bis es gebannt und müde ruht
In blauer Mittagssonnenglut.
Da segeln hoch in stetem Ziehn
Die weißen, losen Wolken hin,
Fernher mit kaum gehörtem Pfiff
Gibt Kunde seiner Fahrt ein Schiff.

Die Flut in träumerischem Spiel
Verlecht mit dumpfem Laut am Kiel;
Das schlaffe Segel feiert leer,
Die Netzeschnur schleift hinterher.

Und alles, was dich sonst bewegt,
Und alles, was in Glück und Weh
Dir irgendwann das Herz erregt,
Ruht tief und schlummert in der See.
Dein Herz, so wild es sonst gebrannt,
Wird wieder still, wird wieder Kind
Und ruht wie Sonne, Meer und Wind
In Gottes Hand.

(Aus: Hermann Hesse: Gesammelte Schriften, Bd. 5,
Frankfurt, 1997, S. 509–510)

HERMANN HESSE: Im Grase hingestreckt

Material 15

Im Grase hingestreckt
Lausch ich der Halme zartem Wald,
Der flüstert wirr und hat mir bald
Den Himmel fast verdeckt.

Es kommt die Zeit heran,
Da weiß ich nichts von Leide mehr,
Und schmerzt es heute noch so sehr,
Alsdann ist es vertan.

Dann kreist mein heißes Blut
Gekühlt und licht in Halm und Klee,
Und dieser Stunde grimmes Weh
Ist still, ist kühl, ist gut.

Den meine Sehnsucht spinnt,
Der Traum wird eine Blume sein.
In seinem Dufte schlaf ich ein,
Ein heimgekehrtes Kind.

(Aus: Hermann Hesse: Gesammelte Schriften, Bd. 5,
Frankfurt, 1997, S. 535–536)

HERMANN HESSE: Rückkehr

Sind wir alle denn so krank,
Daß die holden Kindertöne
Uns das Herz mit Weh bezaubern,
Nachklang nur verschollener Schöne?

Alle Reinheit ferner Kindergärten,
Alle Farben froher Morgenlust,
All die holden Schauer in der Brust –
Kann das nie mehr unser werden?

Doch! Ich will den Weg zurück
Zur geliebten Mutter gehen,
Allem welkgewordnen Glück
Neu ins frische Auge sehen.
Mag darüber alles mir zerbrechen,
Was die andern groß und heilig sprechen,
Aller Väterworte bin ich satt,
Steine waren sie an Brotes Statt!
Mutterworte hör ich wieder klingen
Aus vergeßnem Schacht, ihr dunkler Klang
Will mir alle Wonne wiederbringen,
Die mir einst im Kinderherzen sprang –
Und die Wiesen leuchten wieder bunter,
Bach und Baum sind wieder Spielgesell,
Sterne gehen klingend auf und unter,
Und ich spiegle sie beglückt und hell.
Von der dunklen Stimme süß gezogen
Kehr ich heimatwärts und gleite leis
In der Mutterwärme Zauberkreis –
Väter, o wie habt ihr uns belogen!
Krampf und Leid und Krieg war euer Erbe,
Nehmt es wieder, daß es endlich sterbe!
Heimgekehrt zum alten Mutterland,
Hören wir der alten Freiheit Lieder,
Und der dürre Stab in unsrer Hand
Grünt und wird zum Zauberstabe wieder.

(Aus: Hermann Hesse: Gesammelte Schriften, Bd. 5,
Frankfurt, 1997, S. 644–645)

Ich sage ja natürlich nicht, daß ich das, was ich bin, nur durch Deine Einwirkung geworden bin. Das wäre sehr übertrieben (und ich neige sogar zu dieser Übertreibung). Es ist sehr leicht möglich, daß ich, selbst wenn ich ganz frei von Deinem Einfluß aufgewachsen wäre, doch kein Mensch nach Deinem Herzen hätte werden können. Ich wäre wahrscheinlich doch ein schwächlicher, ängstlicher, zögernder, unruhiger Mensch geworden, weder Robert Kafka noch Karl Hermann, aber doch ganz anders, als ich wirklich bin, und wir hätten uns ausgezeichnet miteinander vertragen können. Ich wäre glücklich gewesen, Dich als Freund, als Chef, als Onkel, als Großvater, ja selbst (wenn auch schon zögernder) als Schwiegervater zu haben. Nur eben als Vater warst Du zu stark für mich, besonders da meine Brüder klein starben, die Schwestern erst lange nachher kamen, ich also den ersten Stoß ganz allein aushalten mußte, dazu war ich viel zu schwach. [...]

Jedenfalls waren wir so verschieden und in dieser Verschiedenheit einander so gefährlich, daß, wenn man es hätte etwa im voraus ausrechnen wollen, wie ich, das langsam sich entwickelnde Kind, und Du, der fertige Mann, sich zueinander verhalten werden, man hätte annehmen können, daß Du mich einfach niederstampfen wirst, daß nichts von mir übrigbleibt. Das ist nun nicht geschehen, das Lebendige läßt sich nicht ausrechnen, aber vielleicht ist Ärgeres geschehen. Wobei ich Dich aber immerfort bitte, nicht zu vergessen, daß ich niemals im entferntesten an eine Schuld Deinerseits glaube. Du wirktest so auf mich, wie Du wirken mußtest, nur sollst Du aufhören, es für eine besondere Bosheit meinerseits zu halten, daß ich dieser Wirkung erlegen bin. [...]

Direkt erinnere ich mich nur an einen Vorfall aus den ersten Jahren. Du erinnerst Dich vielleicht auch daran. Ich winselte einmal in der Nacht immerfort um Wasser, gewiß nicht aus Durst, sondern wahrscheinlich teils um zu ärgern, teils um mich zu unterhalten. Nachdem einige starke Drohungen nicht geholfen hatten, nahmst Du mich aus dem Bett, trugst mich auf die Pawlatsche und ließest mich dort allein vor der geschlossenen Tür ein Weilchen im Hemd stehn. Ich will nicht sagen, daß das unrichtig war, vielleicht war damals die Nachtruhe auf andere Weise wirklich nicht zu verschaffen, ich will aber damit Deine Erziehungsmittel und ihre Wirkung auf mich charakterisieren. Ich war damals nachher wohl schon folgsam, aber ich hatte einen inneren Schaden davon. Das für mich Selbstverständliche des sinnlosen Ums-Wasser-Bittens und das außerordentlich Schreckliche des Hinausgetragenwerdens konnte ich meiner Natur nach niemals in die richtige Verbindung bringen. Noch nach Jahren litt ich unter der quälenden Vorstellung, daß der riesige Mann, mein Vater, die letzte Instanz, fast ohne Grund kommen und mich in der Nacht aus dem Bett auf die Pawlatsche tragen konnte und daß ich also ein solches Nichts für ihn war. [...]

Dem entsprach weiter Deine geistige Oberherrschaft. Du hattest Dich allein durch eigene Kraft so hoch hinaufgearbeitet, infolgedessen hattest Du unbeschränktes Vertrauen zu Deiner Meinung. Das war für mich als Kind nicht einmal so blendend wie später für den heranwachsenden jungen Menschen. In Deinem Lehnstuhl regiertest Du die Welt. Deine Meinung war richtig, jede andere war verrückt, überspannt, meschugge, nicht normal. Dabei war Dein Selbstvertrauen so groß, daß Du gar nicht konsequent sein mußtest und doch nicht aufhörtest recht zu haben. Es konnte auch vorkommen, daß Du in einer Sache gar keine Meinung hattest und infolgedessen alle Meinungen, die hinsichtlich der Sache überhaupt möglich waren, ohne Ausnahme falsch sein mußten. […]

Aber so war Deine ganze Erziehung. Du hast, glaube ich, ein Erziehungstalent; einem Menschen Deiner Art hättest Du durch Erziehung gewiß nützen können; er hätte die Vernünftigkeit dessen, was Du ihm sagtest, eingesehn, sich um nichts Weiteres gekümmert und die Sachen ruhig so ausgeführt. Für mich als Kind war aber alles, was Du mir zuriefst, geradezu Himmelsgebot, ich vergaß es nie, es blieb mir das wichtigste Mittel zur Beurteilung der Welt, vor allem zur Beurteilung Deiner selbst, und da versagtest Du vollständig. […]

Die Unmöglichkeit des ruhigen Verkehrs hatte noch eine weitere eigentlich sehr natürliche Folge: ich verlernte das Reden. Ich wäre ja wohl auch sonst kein großer Redner geworden, aber die gewöhnlich fließende menschliche Sprache hätte ich doch beherrscht. Du hast mir aber schon früh das Wort verboten. Deine Drohung: »kein Wort der Widerrede!« und die dazu erhobene Hand begleiten mich schon seit jeher. […]

Das Schimpfen verstärktest Du mit Drohen, und das galt nun auch schon mir. Schrecklich war mir zum Beispiel dieses:»ich zerreiße Dich wie einen Fisch«, trotzdem ich ja wußte, daß dem nichts Schlimmeres nachfolgte (als kleines Kind wußte ich das allerdings nicht), aber es entsprach fast meinen Vorstellungen von Deiner Macht, daß Du auch das imstande gewesen wärest. Schrecklich war es auch, wenn Du schreiend um den Tisch herumliefst, um einen zu fassen, offenbar gar nicht fassen wolltest, aber doch so tatest und die Mutter einen schließlich scheinbar rettete. Wieder hatte man einmal, so schien es dem Kind, das Leben durch Deine Gnade behalten und trug es als Dein unverdientes Geschenk weiter. Hierher gehören auch die Drohungen wegen der Folgen des Ungehorsams. Wenn ich etwas zu tun anfing, was Dir nicht gefiel, und Du drohtest mir mit dem Mißerfolg, so war die Ehrfurcht vor Deiner Meinung so groß, daß damit der Mißerfolg, wenn auch vielleicht erst für eine spätere Zeit, unaufhaltsam war. Ich verlor das Vertrauen zu eigenem Tun. Ich war unbeständig, zweifelhaft. Je älter ich wurde, desto größer war das Material, das Du mir zum Beweis meiner Wertlosigkeit entgegenhalten konntest; allmählich bekamst Du in gewisser Hinsicht wirklich recht. Wieder hüte ich mich zu behaupten, daß ich nur durch Dich so wurde; Du verstärktest nur, was war, aber Du verstärktest es sehr, weil Du eben mir gegenüber sehr mächtig warst und alle Macht dazu verwendetest. […]

Es ist auch wahr, daß du mich kaum einmal wirklich geschlagen hast. Aber das Schreien, das Rotwerden Deines Gesichts, das eilige Losmachen der Hosenträger, ihr Bereitliegen auf der Stuhllehne, war für mich fast ärger. Es ist, wie wenn einer gehängt werden soll. Wird er wirklich gehenkt, dann ist er tot und es ist alles vorüber. Wenn er aber alle Vorbereitungen zum Gehenktwerden miterleben muß und erst wenn ihm die Schlinge vor dem Gesicht hängt, von seiner Begnadigung erfährt, so kann er sein Leben lang daran zu leiden haben. Überdies sammelte sich aus diesen vielen Malen, wo ich Deiner deutlich gezeigten Meinung nach Prügel verdient hätte, ihnen aber aus Deiner Gnade noch knapp entgangen war, wieder nur ein großes Schuldbewußtsein an. Von allen Seiten her kam ich in Deine Schuld.

(Aus: Franz Kafka: Gesammelte Werke. Hrsg. von Max Brod.
Hochzeitsvorbereitungen auf dem Lande
u. a. Frankfurt, 1976, S. 119–162)

Anhang

Anmerkungen zu »Demian«

[1] Brief an Hans Sturzenegger vom 3. 1. 1917; zitiert nach: Hermann Hesse. Gesammelte Briefe (4 Bde.). In Zusammenarbeit mit Heiner Hesse hrsg. von Ursula u. Volker Michels. Frankfurt 1973. Bd. 1. S. 343.

[2] Ebd., S. 343.

[3] Leitartikel im Kölner Tageblatt vom 24. 10. 1915.

[4] Kurzgefaßter Lebenslauf (1925), zitiert nach: Volker Michels: Materialien zu Hermann Hesses DER STEPPENWOLF. S. 9–27; Zitat S. 16.

[5] Ebd., S. 16.

[6] Künstler und Psychoanalyse (1918), zitiert nach: Bernhard Zellers Monografie: Hermann Hesse in Selbstzeugnissen und Bilddokumenten. S. 76.

[7] Hugo Ball: Hermann Hesse. Sein Leben und sein Werk. S. 122.

[8] Zitat aus: Franz Baumer: Deutschland. In: Martin Pfeifer: Hermann Hesses weltweite Wirkung. Bd. 1. S. 23.

[9] Aus dem Vorwort der Neuauflage von SINCLAIRS NOTIZBUCH (1962), zitiert nach Siegfried Unseld: Hermann Hesse. Eine Werkgeschichte. S. 60.

[10] Brief an Lisa Wenger; ca. 1920, unveröffentlicht. Zitiert nach S. Unseld: Hermann Hesse. Eine Werkgeschichte. S. 54.

[11] Aus: Stuttgarter Neues Tagblatt vom 8. 7. 1920, zitiert nach: Adrian Hsia: Hermann Hesse im Spiegel der zeitgenössischen Kritik. S. 178.

[12] Brief an J. B. Lang vom 26. 1. 1920, zitiert nach: S. Unseld: Hermann Hesse. Eine Werkgeschichte. S. 52.

[13] Brief an Mathilde Schwarzenbach; zitiert nach: B. Zeller. S. 82.

[14] F. Baumer: Deutschland. In: M. Pfeifer: Hermann Hesses weltweite Wirkung, Bd. 1. S. 20.

[15] Thomas Mann. Vorwort zur amerikanischen Ausgabe des DEMIAN (1948), zitiert nach: S. Unseld: Hermann Hesse. Eine Werkgeschichte. S. 63.

[16] Willi Wolfradt in: Das Junge Deutschland. 1919; zitiert nach: A. Hsia: Hermann Hesse im Spiegel der zeitgenössischen Kritik. S. 171–172.

[17] Hugo Ball: Hermann Hesse. Sein Leben und sein Werk. S. 125; Stefan Zweig in: New York Times Book Review vom 8. 4. 1923; zitiert nach: S. Unseld: Hermann Hesse. Eine Werkgeschichte. S. 61.

[18] Lulu v. Strauß und Torney in: Die Tat. Dez. 1922; zitiert nach: A. Hsia: Hermann Hesse im Spiegel der zeitgenössischen Kritik. S. 182–183.

[19] Thomas Mann in: Neue Rundschau, Okt. 1919, zitiert nach: A. Hsia, ebd., S. 174.

[20] Curt Hohoff, in: Süddeutsche Zeitung vom 10. 8. 1962, zitiert nach: F. Baumer: Deutschland. In: M. Pfeifer: Hermann Hesses weltweite Wirkung. Bd. 1. S. 33.

[21] F. Baumer: Deutschland. In: M. Pfeifer: Hermann Hesses weltweite Wirkung. Bd. 1. S. 33.

[22] Eberhard Lämmert: Hermann Hesse – Einzelgänger für Millionen. In: Jb. d. dt. Schillergesellschaft 21, 1977. S. 533–542; Zitat S. 539–540.

[23] Ebd. S. 540–541.

[24] Ebd. S. 541.

[25] Vgl. Martin Pfeifers Aufsatzsammlung HERMANN HESSES WELTWEITE WIRKUNG.

[26] Hermann Hesse Lesebücher. Zusammengestellt von Volker Michels. Frankfurt 1985 ff. Zitat aus dem Gesamtverzeichnis der Suhrkamp-Taschenbücher 1987.

[27] Rainer Maria Rilke: Die Aufzeichnungen des Malte Laurids Brigge. Frankfurt 1982. S. 47.

[28] Brief an Frau Sarasin vom 15. 2. 1954; zitiert nach: S. Unseld: Hermann Hesse. Eine Werkgeschichte. S. 56.

[29] Carl Gustav Jung: Über die Psychologie des Unbewußten. Zürich u. Stuttgart 1966. S. 86.

[30] Christian Immo Schneider: Das Todesproblem bei Hermann Hesse. Marburg 1973. S. 212.

[31] Peter de Mendelssohn: Von deutscher Repräsentanz. Th. Mann, H. Mann, G. Hauptmann, H. Hesse. S. 283.

[32] Zitiert nach: B. Zeller: Hermann Hesse in Selbstzeugnissen und Bilddokumenten. S. 72.

[33] Ebd. S. 72.

[34] Ebd. S. 72.

[35] Ebd. S. 79.

[36] Zitiert nach: P. de Mendelssohn: Von deutscher Repräsentanz. S. 281.

[37] Ebd. S. 282.

[38] Ebd. S. 283.

[39] Ebd. S. 283.

[40] Ebd. S. 287–288.

[41] Ebd. S. 335–336.

[42] Der Begriff des ›Helden‹ meint hier die Zentralfigur des Romans, unabhängig von ihren Charaktermerkmalen und ihrem Lebensgang. Zur Struktur des traditionellen Entwicklungs-

romans und seinen Modifikationen im frühen 20. Jahrhundert vgl. auch: Helga Esselborn-Krumbiegel: Der ›Held‹ im Roman – Formen des deutschen Entwicklungsromans im frühen 20. Jahrhundert. Darmstadt 1983.

[43] Vgl. Walter Jahnke: Hermann Hesse. *DEMIAN*. Ein er-lesener Roman. S. 103–107.

[44] Brief an den Realschüler H. S. vom 13. 4. 1930; zitiert nach: S. Unseld: Hermann Hesse. Eine Werkgeschichte. S. 58.

[45] Brief an eine junge Leserin vom Feb. 1929; zitiert nach: S. Unseld: Hermann Hesse. Eine Werkgeschichte. S. 56.

[46] Hermann Hesse: Innen und Außen (1919).

Anmerkungen zu »Unterm Rad«

[47] Ausführliche Nachweise autobiografischer Parallelen finden sich in Martin Pfeifers *HESSE-KOMMENTAR*. S. 89–102.

[48] Zitiert nach Bernhard Zellers Monografie *HERMANN HESSE IN SELBSTZEUGNISSEN UND BILDDOKUMENTEN*. S. 18.

[49] Brief Hermann Hesses an seine Eltern vom 14. Feb. 1892 aus Maulbronn (Ninon Hesse: Kindheit und Jugend vor Neunzehnhundert. S. 170–171).

[50] Brief des Ephorus Professor Paulus an Johannes Hesse vom 7. März 1892 aus Maulbronn (Ninon Hesse: Kindheit und Jugend. S. 180)

[51] Brief des Ephorus Professor Paulus an Johannes Hesse vom 11. März 1892 (Ninon Hesse: Kindheit und Jugend. S. 189).

[52] Heinz Stolte: Hermann Hesse. Weltscheu und Lebensliebe. S. 21.

[53] Hermann Hesse: Kurzgefaßter Lebenslauf. Zitiert nach: Volker Michels: Materialien zu Hermann Hesses *DER STEPPENWOLF*. S. 12; Brief an Dr. E. Kapff, Mai 1895 (Ninon Hesse: Kindheit und Jugend. S. 468).

[54] Brief an Karl Isenberg vom 25. Nov. 1904; in: Gesammelte Briefe. Bd. 1. S. 130.

[55] Aus: Erinnerung an Hans; zitiert nach M. Pfeifers *HESSE-KOMMENTAR*. S. 90.

[56] Wilhelm Hegeler in: Das literarische Echo. 15. 11. 1905; zitiert nach: Adrian Hsia: Hermann Hesse im Spiegel der zeitgenössischen Kritik. S. 63.

[57] Julie Speyer in: Die Schaubühne. 5. 7. 1906; und Theodor Heuss in: Die Hilfe. 1905; zitiert nach: A. Hsia: Hermann Hesse im Spiegel der zeitgenössischen Kritik. S. 70; S. 63.

[58] Theodor Heuss, a.a.O. S. 63.

[59] Vgl. Rudolf Koesters Aufsatz über die Hesse-Rezeption in den USA in M. Pfeifers Sammelband *HERMANN HESSES WELTWEITE WIRKUNG* Bd. 1. S. 155–171.

[60] Vgl. Franz Baumers Aufsatz über die Hesse-Rezeption in Deutschland in M. Pfeifers Sammelband *HERMANN HESSES WELTWEITE WIRKUNG* Bd. 1. S. 15–38.

[61] In: H. Hesse: Gesammelte Werke. Bd. 10. S. 353.

[62] In: H. Hesse: Gesammelte Werke. Bd. 2. S. 865.

[63] Vgl. Hesses Aufsatz *MEIN GLAUBE* und die in den Materialien zu *UNTERM RAD* wiedergegebenen Dokumente.

[64] H. Hesse: Begegnungen mit Vergangenem. In: H. Hesse: Gesammelte Werke. Bd. 10. S. 374 ff.

[65] H. Hesse: Kurzgefaßter Lebenslauf (1925); in: H. Hesse: Gesammelte Werke. Bd. 6. S. 391–411; hier zitiert nach: V. Michels: Materialien zu Hermann Hesses *DER STEPPENWOLF*. S. 9–27; Zitat S. 11.

[66] H. Stolte: Hermann Hesse. Weltscheu und Lebensliebe. S. 44.

[67] Robert Musil: Die Verwirrungen des Zöglings Törleß. Reinbek bei Hamurg (Rowohlt TB) 1987. S. 25.

[68] Törleß. S. 63.

[69] Törleß. S. 137.

[70] Vgl. die Materialien zu *UNTERM RAD*.

[71] In *KINDERSEELE* (1919), in *DEMIAN* (1919), in *SIDDHARTHA* (1922).

[72] Richard Alewyn: Eine Landschaft Eichendorffs. In: Interpretationen. Hrsg. von Jost Schillemeit. Bd. IV. Frankfurt/M. u. Hamburg 1966. S. 212.

Literaturverzeichnis

Texte

Hesse, Ninon (Hrsg.): Kindheit und Jugend vor Neunzehnhundert. Hermann Hesse in Briefen und Lebenszeugnissen. Erster Band 1877–1895. Zweiter Band 1895–1900. Frankfurt 1966/1978.

Hesse, Hermann: Die Gedichte 1892–1962; eingerichtet und um Gedichte aus dem Nachlaß erweitert von Volker Michels. Frankfurt/M.: Suhrkamp 1977 (suhrkamp taschenbuch 381).

Hesse, Hermann: Gesammelte Schriften in 7 Bänden. Berlin 1957.

Hesse, Hermann: Gesammelte Werke in 12 Bänden. Frankfurt 1970.

Michels, Ursula u. Volker (Hrsg.), in Zusammenarbeit mit Heiner Hesse: Hermann Hesse. Gesammelte Briefe (4 Bände). Frankfurt 1973.

Forschungsliteratur

Das Verzeichnis der Forschungsliteratur bietet eine Auswahl jener Titel, deren Lektüre der Verfasserin für die Interpretation der Romane *DEMIAN* und *UNTERM RAD* besonders lohnend erscheint.

Ball, Hugo: Hermann Hesse. Sein Leben und sein Werk. Frankfurt/M. 1977.

Bauschinger, Sigrid/Reh, Albert (Hrsg.): Hermann Hesse. Politische und wirkungsgeschichtliche Aspekte. Bern 1986.

Boulby, Mark: Hermann Hesse. His Mind and Art. New York 1967.

Dahrendorf, Malte: Hermann Hesses *DEMIAN* und C. G. Jung. In: Germanisch-Romanische Monatsschrift, N. F. Bd. VIII, 1958, S. 81–97.

Dahrendorf, Malte: Der »Entwicklungsroman« bei Hermann Hesse. Hamburg 1955 (Diss. masch.).

Esselborn-Krumbiegel, Helga: *DEMIAN*. In: Interpretationen. Hermann Hesse. Romane. Stuttgart 1994. S. 29–51.

Esselborn-Krumbiegel, Helga: Hermann Hesse: *DEMIAN*. Dokumente und Erläuterungen. Stuttgart 1991.

Esselborn-Krumbiegel, Helga: Hermann Hesse. Literaturwissen für Schule und Studium. Stuttgart 1996.

Esselborn-Krumbiegel, Helga: Hermann Hesse: *UNTERM RAD*. Dokumente und Erläuterungen. Stuttgart 1995.

Esselborn-Krumbiegel, Helga: Hermann Hesse. *UNTERM RAD*. In: Interpretationen. Erzählungen des 20. Jahrhunderts. Band 1. Stuttgart 1996, S. 55–74.

Field, Georg Wallis: Hermann Hesse. Kommentar zu sämtlichen Werken. Stuttgart 1977.

Freedman, Ralph: Hermann Hesse. Autor der Krisis. Frankfurt 1982.

Gottschalch, Wilfried: Schülerkrisen. Autoritäre Erziehung, Flucht und Widerstand. Reinbek b. Hamburg 1977.

Hsia, Adrian (Hrsg.): Hermann Hesse heute. Bonn 1980.

Hsia, Adrian (Hrsg.): Hermann Hesse im Spiegel der zeitgenössischen Kritik. Bern 1975.

Hucke, Karl-Heinz: Der integrierte Außenseiter. Hesses frühe Helden. Frankfurt/M. 1983.

Jahnke, Walter: Hermann Hesse: *DE-*

MIAN. Ein er-lesener Roman. Paderborn, München u. a. 1984.

Karalaschwili, Reso: Hermann Hesse. Charakter und Weltbild. Frankfurt/Main 1993.

Karst, Theodor: Kindheit, Jugend, Schule – zum Beispiel Hermann Hesses UNTERM RAD. In: Literatur im Unterricht, 1982, S. 30–45.

Knüfermann, Volker: Kultus der Mythologien. Hermann Hesses DEMIAN. In: Etudes Germaniques No. 40, 1985, S. 50–57.

Köhler, Karl-Heinz: Poetische Sprache und Sprachbewußtsein um 1900. Untersuchungen zum frühen Werk Hermann Hesses, Paul Ernsts und Ricarda Huchs. Stuttgart 1977.

Koester, Rudolf: Hermann Hesse. Stuttgart 1975.

Lämmert, Eberhard: Hermann Hesse – Einzelgänger für Millionen. In: Jb. d. dt. Schillergesellschaft 21. 1977. S. 533–542.

Lüthi, Hans Jürg: Hermann Hesse. Natur und Geist. Stuttgart 1970.

Mendelssohn, Peter de: Von deutscher Repräsentanz. München 1972.

Michels, Volker (Hrsg.): Hermann Hesse. Sein Leben in Bildern und Texten. Frankfurt 1987.

Michels, Volker (Hrsg.): Materialien zu Hermann Hesses DEMIAN. Frankfurt/Main 1993/97.

Michels, Volker (Hrsg.): Materialien zu Hermann Hesses DER STEPPENWOLF. Frankfurt ⁷1981.

Michels, Volker (Hrsg.): Über Hermann Hesse. 2 Bände. Frankfurt 1976/77.

Middell, Eike: Hermann Hesse. Die Bilderwelt seines Lebens. Frankfurt 1975.

Mileck, Joseph: Hermann Hesse. Dichter, Sucher, Bekenner. München 1979.

Müller, Michael: UNTERM RAD. In: Interpretationen. Hermann Hesse. Romane. Stuttgart 1994, S. 7–28.

Neis, Edgar: Erläuterungen zu Hermann Hesse: DEMIAN, SIDDHARTHA, DER STEPPENWOLF. Hollfeld 1991.

Nelson, Donald F.: Hermann Hesse's DEMIAN and the Resolution of the Mother-Complex. In: The Germanic Review Vol. 59, 1984, S. 57–62.

Neuer, Johanna: Jungian Archetypes in Herman Hesse's DEMIAN. In: The Germanic Review Vol. 57, 1982, S. 9–15.

Newton, Robert P.: ›Destiny‹ and Hesse's DEMIAN. In: German Quarterly Vol. 58, 1985, S. 519–539.

Pfeifer, Martin: Erläuterungen zu Hermann Hesse: PETER CAMENZIND, UNTERM RAD. KNULP. Hollfeld 1991.

Pfeifer, Martin: Hermann-Hesse-Bibliographie. Primär- und Sekundärschrifttum in Auswahl. Berlin 1973.

Pfeifer, Martin: Hesse-Kommentar zu sämtlichen Werken. Frankfurt/M. 2002.

Pfeifer, Martin (Hrsg.): Hermann Hesses weltweite Wirkung. Internationale Rezeptionsgeschichte. 3 Bände. Frankfurt 1977/79/91.

Schneider, Christian Immo: Hermann Hesse. München 1991.

Stolte, Heinz: Hermann Hesse. Weltscheu und Lebensliebe. Hamburg 1971.

Unseld, Siegfried: Hermann Hesse – Werk- und Wirkungsgeschichte. Frankfurt/Main 1985. Taschenbuchausgabe 1986.

Völpel, Christiane: Hermann Hesse und die deutsche Jugendbewegung. Bonn 1977.

Zeller, Bernhard: Hermann Hesse in Selbstzeugnissen und Bilddokumenten. Reinbek b. Hamburg 1981.

Ziolkowski, Theodore: The Novels of Hermann Hesse. A Study in Theme and Structure. Princeton 1965.

Ziolkowski, Theodore: Der Schriftsteller Hermann Hesse. Wertung und Neubewertung. Frankfurt 1979.

Zeittafel zu Leben und Werk

1877 Am 2. Juli geboren in Calw (Württemberg) als 2. Kind des Missionars Johannes Hesse und seiner Frau Marie, geb. Gundert. Johannes Hesse arbeitet nach mehrjähriger missionarischer Tätigkeit in Indien seit 1873 als Gehilfe seines Schwiegervaters Hermann Gundert im Calwer Verlagsverein.

1890–91 Besuch der Lateinschule in Göppingen.

1891 Hesse besteht das schwäbische Landexamen und tritt ins evangelisch-theologische Seminar im Kloster Maulbronn ein.

1892 Hesse flüchtet aus dem Seminar in Maulbronn.

1892–93 Besuch des Gymnasiums in Bad Cannstatt; nach 11 Monaten nehmen ihn die Eltern auf seinen Wunsch aus der Schule.

1894–95 Praktikant in der Turmuhrenfabrik Perrot in Calw.

1895–98 Buchhändlerlehre in Tübingen.

1899–1903 Buchhändler in Basel.

1904–12 Hesse lebt als freier Schriftsteller in Gaienhofen am Bodensee.

1904 Eheschließung mit Maria Bernoulli.

1911 Indienreise.

1912–19 Hesse lebt in Bern.

1915–19 Hesse arbeitet in der ›Deutschen Kriegsgefangenenfürsorge Bern‹. Gründet die ›Bücherei für deutsche Kriegsgefangene‹.

1916 Beginnendes Gemütsleiden Maria Hesses.

1916–17 Analytische Sitzungen Hermann Hesses bei Dr. J. B. Lang, einem Schüler C. G. Jungs. Hesse beginnt zu malen.

1919 Trennung von der Familie. Übersiedlung in die Casa Camuzzi in Montagnola.

1921 Psychoanalytische Sitzungen bei C. G. Jung in Küsnacht bei Zürich.

1924 Hesse wird Schweizer Staatsbürger. Eheschließung mit der Sängerin Ruth Wenger.

1925–31 Aufenthalt in Zürich während der Wintermonate.

1927 Scheidung von seiner Frau Ruth.

1931 Eheschließung mit Ninon Dolbin, geb. Ausländer. Lebt von nun an in der Casa Hesse in Montagnola.

1946 Verleihung des Nobelpreises.

1955 Friedenspreis des Deutschen Buchhandels.

1962 9. August: Tod Hesses in Montagnola.

Romane und andere Prosa

1899 EINE STUNDE HINTER MITTERNACHT. Hinterlassene Schriften und Gedichte von Hermann Lauscher

1904 PETER CAMENZIND

1906 UNTERM RAD

1907 DIESSEITS. Erzählungen LEGENDE VOM INDISCHEN KÖNIG

1908 NACHBARN. Erzählungen

1910 GERTRUD

1912 UMWEGE. Erzählungen

1913 AUS INDIEN. Aufzeichnungen von einer indischen Reise

1914 ROSSHALDE

1915 KNULP. Drei Geschichten aus dem Leben Knulps

Gedichte

Raum für Notizen

Raum für Notizen